即！ビジネスで使える新聞記者式伝わる文章術

数字・ファクト・ロジックで「説得力」をつくる

日本経済新聞社
白鳥和生

CCCメディアハウス

ブックデザイン　轡田昭彦＋坪井朋子
校正　円水社

はじめに

データを揃え、資料も読み込み、いざ企画書作成に取りかかろうとしたのに、パソコンを前に固まってしまった……。

そんな経験ありませんか。

情報が爆発的に生み出される時代にあって、文章に苦手意識を持っているビジネスパーソンは多いようです。作成に膨大な時間がかかったり、それにもかかわらず書き直しを命じられたり、文意が伝わらないために発生したミスの対応に追われたり。

そんなことが重なれば、帰宅する時間も遅くなるし、デートをすっぽかすはめにもなるし、さらには周囲の信頼を失ってしまうかもしれません。

しかし、文章の上手い下手は、生まれつきの能力ではありません。

バレエのプリンシパルらを対象にした研究結果から導き出された「1万時間の法則」をご存じでしょうか。ある分野でスキルを磨いて一流になるには1万時間の練習が必要というものです。実際、一流あるいはプロフェッショナルと呼ばれる人たちは数々の経験や長期間にわたる訓練を積んでいます。

私自身、学生時代の国語の成績はほめられたものではありませんでした。新聞記者になりたての頃は「ベタ記事」のような短い文章を書くのに半日以上四苦八苦しました。しかし、これまで30年間、1万時間を優に超える記者としての経験を積んだ結果、苦手意識を克服し、「伝わる文章」を書けるようになりました。

もちろん、ムダな努力をする必要はありません。

文章には「型」があり、伝えるためには「コツ」があります。その種類は多くありません。「結論」あるいは「主張」を先に書き、それを補足する理由や客観的事実を重要な順に書いていく——ただそれだけです。

わかりやすく伝わる文章をはやく書ければ、生産性が上がり、働き方も変わります。デートに遅れることもなくなるし、周囲の評価も変わってくるでしょう。

文章に苦手意識はなく、作文の成績も良かったのに、上司から「なんだこの文章は！ 意味不明だぞ！」とダメ出しを食らった。SNS（交流サイト）では共感を得られる文章が書けるのに、職場では今ひとつ評価されず、納得がいかない。そんな人も意外と多いようです。

こうした〝悲劇〟が起きるのはなぜでしょう。それは、ビジネス文章とSNSとでは求められるものが違うからです。そもそも読み手が違いますし、オン（ビジネス）とオフ（プライベート）、娯楽と実用というように、読まれる場面もまったく異なります。

ビジネスの文章は、書くこと自体が目的ではありません。特に企画・提案書は、相手にこちらが思うように動いてもらうことが目的です。だから、〝きれいな文章〟が〝良い文章〟とは限りません。

ビジネスの現場で川端康成のような名文家やスティーブ・ジョブズのような名スピーカーになる必要はないのです。私たちは彼らとは違った「近道」を見つけ、「簡単に伝わる」文章のテクニックを身につけたいものです。その「近道」として、新聞記者のテクニックが役に立つのです。

本書は新聞記者として培った文章術をお伝えするのが目的です。具体的には、ファクト（客観的事実）、データ（数字）、ロジック（論理）の3つの要素が揃った「説得力」と「納得感」のある文章をはやく書くテクニックです。

すぐにビジネスで使えるように、ポイントごとに例文を入れました。第8章では、長めの文章を書く人のための練習問題を揃えてみました。手を動かしてみることで理解が深まり、コツが身についていきます。

「ローマは一日にしてならず」とは歴史的事実ですが、ムダな努力や遠回りをしない「伝わる文章術」を丁寧にお伝えしていきます。

2021年6月

著者

伝える力 3つの要素

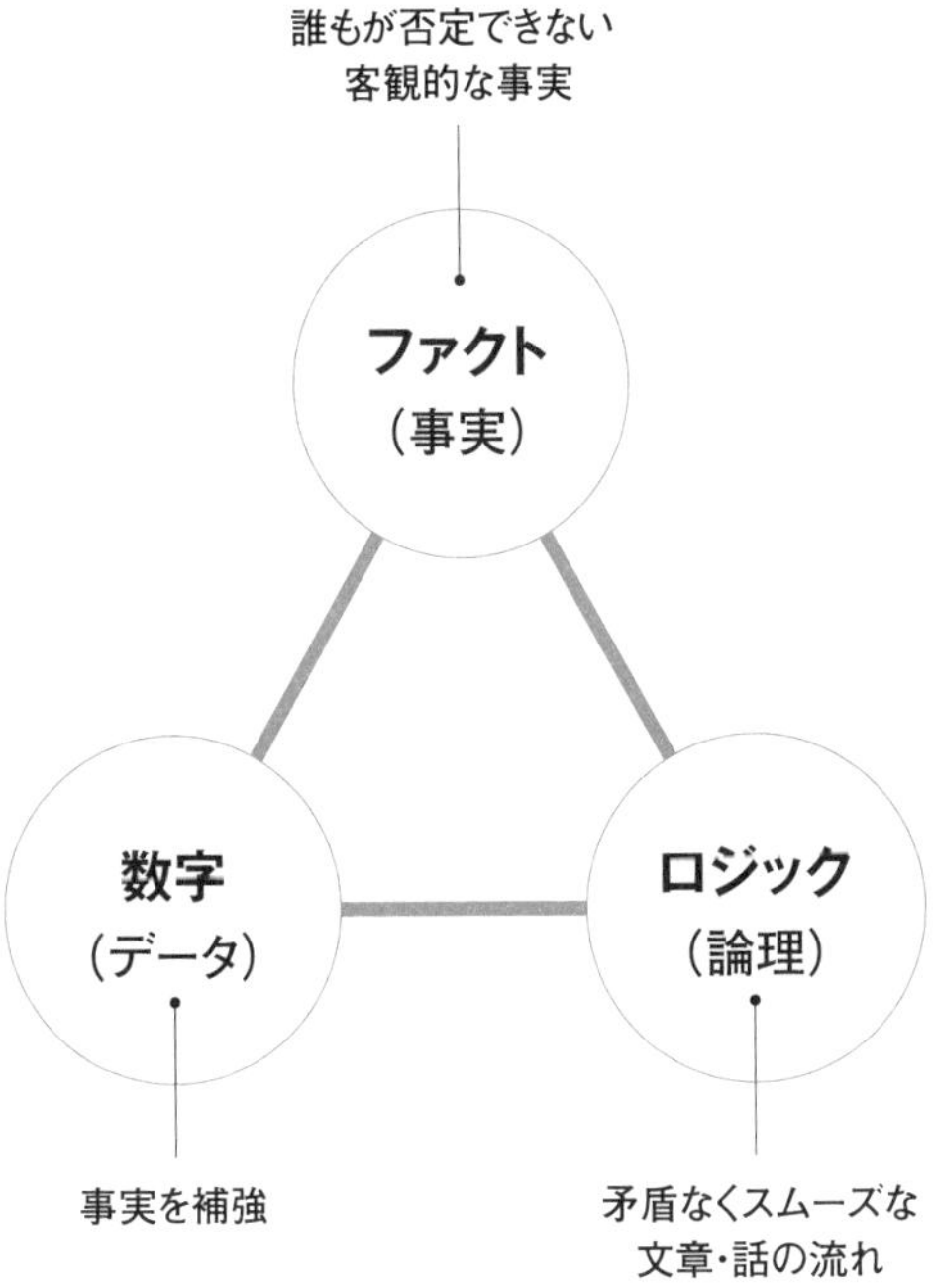
誰もが否定できない
客観的な事実
ファクト
（事実）
数字
（データ）
ロジック
（論理）
事実を補強
矛盾なくスムーズな
文章・話の流れ

即！ビジネスで使える
新聞記者式
伝わる文章術

目次

第2章 文章の構成を考える

第3章 ファクトと数字の大切さ

第4章 ロジックとは「流れ」が自然なこと

第5章 「伝わる文章」のために

第6章 データの集め方と使い方

第7章 さて、文章を書く前に

第8章 実際に文章を書いてみる

第1章

伝えるためには「型」がある

1
「文章は読んでもらえないもの」

「『お客様は来てくださらないもの』『お取引先は売ってくださらないもの』『銀行はお金を貸してくださらないもの』、そういう『ないない尽くし』から商いは出発するのだよ」

全国に2万店を超えるセブン‐イレブン。30坪ほどの便利な店は、今や私たちにとって身近な存在です。しかし、最初からそうではありませんでした。セブン‐イレブンを傘下に持つセブン&アイ・ホールディングスの創業者である伊藤雅俊名誉会長は、戦後の焼け野原に開いた2坪の洋品店で、母から聞いた言葉が忘れられないと言います。

文章やプレゼンテーションも似たようなところがあります。

文章は読んでもらえないもの。
プレゼンは聞いてもらえないもの。
企画書はゴミ箱に直行するもの。

そう思ってください。

皆さんだってそうではないでしょうか。忙しい時間を割いて小難しい文章など読みたくないでしょう。読むのは必要に迫られたからでは？

書籍だって、わざわざお金を払う価値がなければ買いませんね。手に取って読み始めてもらえても、理解しづらかったり、面白くなかったりすれば、途中で放り出してしまうでしょう。

毎日大量に届くメルマガも同じです。一つ一つ開封する人はいません。

2 「伝え方」が求められる時代

「君の話（文章）は何を言っているのかわからない」

「結局何が言いたいんだ？」

「その話は根拠があるのか？」

「そのデータは、誰が調べた（言っている）んだ」

私自身が若いときに先輩から何度も言われた言葉です。新聞記者ですから、「事例がない」「データがない」「根拠が弱い」と指摘されることは、信頼される記事ではないということです。

今は「伝え方」が求められる時代です。コロナ禍でリモートワークが定着し、メールやＬＩＮＥでのやりとりが格段に増えました。Ｚｏｏｍ会議でチャットやＱ＆Ａ機能も使います。**文章によるコミュニケーション能力があるかないかが問われ、その能力は評価を左右しかねません。**

日々やりとりすることが多いメールには独りよがりの文章が散見されます。文章は基本的に「読まれない」ものなのに、**多くの人が「読んでもらえる」と思いすぎ**です。特に「誰でも興味があるはず」というスタンスで書かれた文章はいただけません。

会話やプレゼンの場合でも、聞き手の第一印象を決定づけるのは、視覚情報（見た目、しぐさ、表情、視線）が55％、聴覚情報（声の質や大きさ、話す速さ、口調）が38％、言語情報（言葉そのものの意味、会話の内容）が７％といわれています。

この「メラビアンの法則」は、**「人は話の内容よりは見た目を重視する」「人は出会ったとき**

の最初の数秒で第一印象が決まる」というものです。そして、**第一印象は一度形成されると、なかなか拭い去るのが難しい**ことが証明されています。

これを文章に置き換えれば、文章は7％しか読まれないということかもしれません。しかも、文字は視覚情報でもあるため、「見た目」（レイアウト）が55％を占めるとも考えられます。違和感なく、**パッと見て読む気にさせる文章**を目指したいものです。

3 「書きたいこと」と「読みたいこと」にはズレがある

飲食店なら、お客さんが食べたい料理を提供すべきです。

「俺が出すものを黙って食べろ！」「俺の料理がまずいわけないだろう！」といった高飛車な料理人の店は敬遠したくなるのがふつうの感覚でしょう。

文章も「**自分が読む立場である場合、それを読みたいか？」を常に考える**習慣をつけたいものです。

読まれない文章は、書き手の「書きたいこと」と読み手の「読みたいこと」にギャップがあるのです。特に企画書や提案書は、**読み手がどんな性格でどんな立場にあり、どんな課題を持っているのかを事前にリサーチすることが必要**になります。

私は都内の私立大学で「マーケティング」の講義を行っています。講義の初めに学生に伝えるのは、マーケティングとは「売れる仕組みづくり」だということです。

売れる仕組みとは、むりやり「買って！　買って！」と押し売りするのではなく、消費者に自然に商品に手を伸ばしてもらえる仕組みをつくること。マネジメントの父、ピーター・F・ドラッカーは、「マーケティングとはセリング（売り込み）をなくすこと」だと言っています。そのために、〝誰に、何を、いくらで、どのような販売ルートとキャンペーンで〟を考えることが必要になります。

マーケティングは「恋愛」に似ています。好きな人ができたらどうでしょうか。相手のことを知りたいと思うでしょう。どこに住んでいて、どんなモノやコトが好きか。そして、相手に好きになってもらうために自分の髪形やファッションを変えたり、相手に会える場所に行ってみたり……。相手とのギャップを埋める努力をしますね。

こうした**相手を知る努力や準備が、伝わる「説得力」や「納得感」のある文章をつくる**のです。

4 読み手は誰か。ターゲットと目的をはっきりさせる

「君の文章は結局、何が言いたいんだ?」と言われるのは、読み手にあなたの意図が伝わっていないからです。あなた自身が、この文章で何を伝えたいのかが定まっていないのが根本原因です。

どんな文章も、書き手がいるように読み手がいます。日記のような文章は別として、ビジネス文章は**読み手が誰なのかをきちんと想定し、その人に何を伝えるのかという目的を考えること**が第一歩になります。

「売れる仕組みづくり」と説明できるマーケティングの世界では、STP(セグメンテーション、ターゲティング、ポジショニング)が重視されます。マーケティングの出発点は、まず顧客を知り尽くすこと。そのための事前リサーチを重視しつつ、すべての市場を狙うのではなく細分化し、自社が有利な競争を展開できるターゲット(顧客や市場)を規定します。その上で、

顧客の頭の中に自社商品を適切に位置づけていきます。

売れる仕組みづくりと同様に、「読まれる仕組みづくり」には、**読み手が誰なのかを規定し、その読み手のニーズを把握する**ことが求められます。ニーズを汲み取れなければ、その文章は自己満足な内容になりかねません。

もちろん、**ビジネス文章の目的は業務の遂行に関する「判断」を行うための材料提供**です。上司や裁量権を持つ担当者が、判断したり、行動を起こそうと思ったりしてもらうための材料を、過不足なく用意する必要があります。

ターゲットと目的がはっきりすれば、文章の方向性が固まります。するとと、文章が速く書けるようになります。

5 「共感」してもらう姿勢が足りていますか？

文章が苦手だという悩みを抱えている人は、「共感」してもらう姿勢が足りないだけです。

読者の立場に立ち、読者が疑問に思うことを丁寧に説明していく。そうした心配りが、伝わる文章の極意です。

ビジネス文章を書くのに名文家になる必要はありません。良い文章とは、人が読み進めるスピードと、理解するスピードの歩調が合うことです。つまり、**読み返したりしなくても十分にわかる、というのが良い伝え方**なのです。

必要なのは、納得の上で読み進めてもらえるテクニックです。

6 論理的（ロジカル）に訴える

英語のlogicは、日本語では「論理」と訳されます。**論理とは「議論・検討・推理などをする上での、適切な手順や手段」を意味します。**

数学では「1＋1＝2」は普遍であり、これを基本にすべての計算がなされます。ところが、私たちが生活する社会は、数学や物理の世界のように計算通りにはいきません。科学のように「法則」に従ってすべてのことが決まり、動くわけではないからです。

そこで「論理」が登場します。「1＋1＝2」のような**「誰も反論できない」原理原則を押さえつつ、その後の議論を組み立てる**ことが重要になります。


「原油の価格が下がった」

「原油を原料とする加工製品は同じ値動きをする」

「したがってガソリンの価格は下がる」


これは典型的な三段論法です。

この流れに沿うと、「ガソリンのように原料が原油である加工製品は価格が下がる」という一般化が受け入れられます。すると、「〇〇は原油の加工製品だ」ということを証明すれば、「〇〇も価格が下がる」と推し測れます。


この「〇〇」に該当するものの数が多い、範囲が広いことを証明できれば、「デフレが続く」という主張も説得力を持ちます。

その証明を省いて、ただ「原油価格が下がったからデフレが続く」と言ってしまう人がいます。頭の中には緻密なロジックがあるのかもしれませんが、聞き手にはわかりません。**誰が見**

ても聞いても理由と結論がつながっていて飛躍がないことが大切です。いわゆる「話が飛ぶ」ことが、私たちの日常では珍しくありません。

別の例を挙げましょう。

「梅雨明けしそうだから、銀行に行こう」とお年寄りが言ったとします。他人が聞いたら首をかしげるかもしれません。梅雨明け間近な気象条件と銀行に行くという行動が結びつかないからです。

しかし、そのお年寄りの家のエアコンが故障しており、以前からエアコンを買い替えようと考えていたという状況を知っている人なら、この言葉が腑に落ちます。

このように、「梅雨明け間近」と「銀行に行く」ことの間には、〝隠れた前提〟があるのです。状況を共有していない人には、当然ながらこの隠れた前提を明示することが必要です。

7 英語は世界共通語だが……

研究でもビジネスの世界でも英語は共通語です。私の知人にも、英語が堪能で外資系の企業を渡り歩き大活躍している人がいます。それはすばらしいことです。一方で、学生時代、英語の成績が良かったのに鳴かず飛ばずの知人もいます。

この差は何でしょうか。

英語は共通語ではあるけれど、それは手段に過ぎないということです。**大事なのは、どのような言語であろうと論理的な話し方、論理的な話の持っていき方ができるか**です。

私自身は根っからの〝右脳〟人間で、数字を扱うことや論理的な思考が苦手でした。暗算はできないし、言い始めたことと言い終えたことがつながっていなかったり、真逆のことを言ってしまったり……。

そういう私でも、新聞社に入ってから記事を書くにあたって、**ロジックとは何か、数字をどうみせるか、どうすれば人に伝わるか**を考え、そうしたテクニックやノウハウを身につけてきました。

8 感情・感覚にも訴える

「YES!」と言ってもらうための〝相手の心に刺さる〟文章術、それには「論理」だけでなく「感情」や「感覚」も必要です。なぜなら、人は感情で動く動物だからです。

簡潔でわかりやすい文章を書いているのに、提案や企画が通らない。そんな人は、自分の主張や思いを一方的に書いている場合が多い。「この商品には3つの特長がある」などと簡潔で論理的に書くことは重要です。とはいえ、いくら優れた特長でも、顧客がそれを必要と思うかはわかりません。

また、「これを書いたら相手はどう思うだろうか」「こんなことを書いたら相手の気分を害するのでは」というように、**自分本位ではなく、相手の感情（エモーション）や感覚を意識して書くことも必要です。**

米国の経営コンサルタント、エルマー・ホイラー氏に「ステーキを売るな、シズルを売れ！」という有名な言葉があります。

「シズル（Sizzel）」とは肉がジュージューと焼けて肉汁がしたたり落ちているような状態。ステーキの特徴（焼いた肉で、カロリーは500キロカロリー。たんぱく質が豊富で、味は……）よりも、シズルの持つ「うわっ、おいしそう！」と顧客に思ってもらえる感覚が大切だというビジネスのコツを表現しています。

つまり、「顧客の感覚に訴える」という趣旨でしょう。90年近く前の教訓ですが、ここにも**「読み手の立場に立つ」**という伝わる文章の極意が隠れています。

9 最初の3行が勝負

「文章を書いている時間がつらい」、「書き直しを何度も命じられて、なかなか書き終わらない」。文章に自信が持てず、メール1通書くのにさえ悪戦苦闘する人がいます。

原因はただ一つ。文章の原則を知らないからです。無理もありません。学生時代はビジネスにおける文章の原則とはかけ離れた「起承転結」が作文の基本と習ってきたのですから。

起承転結で前置きが長いと、読み手は読みたくなくなります。**読みたいと思うモチベーションを引き出せるか、引き出せないかは、文章の書き出しにかかっています。**理解するのに時間がかかるのは、ビジネス文章のような実用文では適当ではありません。

書籍でも、最初の3行を読んで退屈だと思えば、本を棚に戻してしまうでしょう。娯楽性が高い文章も含めて、**読まれる文章は「導入部が命」**です。3行どころか1行かもしれません。

10 導入部の工夫

具体的には、次のような手法がおすすめです。

❶ 読み手に問いかけ、考えさせる

❷ 話し言葉（台詞）や情景から始める

❸ 読み手にとって切実な課題を取り上げる
❹ タイムリーな話題を盛り込む
❺ 意外性のある言葉を投げかける

ビジネス文章では最初に書くのは結論なので、特にひねる必要はありません。ただ、読みたいと思うモチベーションを引き出すには、**読み手が「自分《じぶん》ごと」として冒頭の話題を捉えるよ**うな工夫が大切です。

よく「つかみはOK！」といいます。まず「今から何を述べるのか」を明確に示せば、相手は心の準備ができます。序論・導入部分で主張を述べることで、結論までの導線が短くなり、具体的な事例の理解がしやすく、説明もスマートに見えます。

11 相手が興味を持ちそうな話題から入る

マーケティングは恋愛に似ているとお伝えしました。ですから、文章は読み手への「ラブレター」になっているかという視点が大切です。

「モテない人は自分の過去を語り、モテる人は相手との未来を語る」という言葉を聞いたことがあります。つまり、良いラブレターは、**相手のこともきちんと考えている文章**なのです。


相手が興味を持ちそうな話題から入る、あるいは共感を誘う。

次に、自分を知ってもらいたい、思いを伝える。

少し大げさかもしれませんが、「世界に対して発信すべきことはなんだろう？」「何を伝えるとみんなが喜ぶだろう？」というマインドを持つことも大切です。

12 真摯に書く

あなたの文章を相手が読むのは、相手がわざわざ時間を割くということです。だから、**文章は読ませるのではなく、読んでもらうもの**です。

書籍の場合、ほぼすべての購入は〝本音〟で行われます。「付き合い」や「建前」で買ってくれる人も中にはいますが、「本当に役立ちそうだ」「本当におもしろそうだ」と思ってもらえなければ、高いお金を出してくれるはずがありません。

ＳＮＳやブログで誰もがコンテンツを発信できるようになったということは、すべてのコンテンツがプロのつくったものと比べられるということです。発信が簡単になっていく一方で、読んでもらえるハードルは年々高くなっています。

あなたの文章に、相手はいくら払ってくれるでしょうか。**読者は本音でコンテンツを選びます。ですから、提供側も真摯にコンテンツをつくらなければなりません。**

13 書き始めに準備する――箇条書きのススメ

思うようにキーボードのタッチやペンが進まない人は、「何をどう伝えたいのか」を深く考えずに書き始めるケースが多いようです。

大事なのは、書く前の「考える時間」です。この時間は、集めた材料（ネタ）をメモとして整理することに使います。整理は「原因（傾向）」と「結果（対策）」、「賛成（メリット）」と

「反対（デメリット）」といった対立軸で行うのがおすすめです。

メモは最初のステップとして、**「何をどう伝えたいか」といった要旨を一言（一文）**で考えます。新聞の見出しのような役割で、文章を書く目的が明確になります。

次のステップが、最初のステップに**関連する要素を箇条書きにすること**。

そして、３つ目のステップとして、本筋から大きく離れる事実は省き、同類の要素をまとめ、**材料を仕分け**してみるのです。

事前に材料となる要素を箇条書きし、さらに番号をふっておけば、何を優先して書けばよいか、何を省けばよいかが見えてきます。

14 威力を発揮する「５Ｗ１Ｈ」「６Ｗ３Ｈ」

相手に文章の内容を正確に伝えるためには、「５Ｗ１Ｈ」の要素を盛り込むのが基本です。

まず、何を伝えたいのか？（What）、それはどうすればよいのか？（How）、それはなぜなのか？（Why）——という流れにもっていきます。

しかし、文章が続かない人は、「なぜ」（Why）が抜けている場合が多い。**「なぜ、どうして」と自問しながらその答えを書き進めていくことで、伝えたい内容の理由や原因が肉づけされ、情報が詰まった文章になっていきます。**

５Ｗ１Ｈと言いましたが、私はあえて**６Ｗ３Ｈで考える**ことをおすすめします。５Ｗ１ＨにWhom（誰に）、単なるHowに、How manyとHow muchを加えると、文章を構成する要素にバラエティが出て、納得感が増します。

自分がわかっていることは、読み手もわかっていると思いがちです。読み手が疑問に思わないように先回りし、丁寧に説明する思いやりこそが、伝わる文章をつくります。

前述のメモを見ながら、最も伝えたい結論から書いていきます。そして、「なぜ」（Why）を繰り返し自問していくと、状況に対する原因や理由といった情報の枝葉部分（詳細）を書き進められます。

「6W3H」で具体化

6W		3H
Why なぜ	Where どこで	How どのように
Who 誰が	When いつ	How Many どのくらい
What 何を	Whom 誰に	How Much いくらで

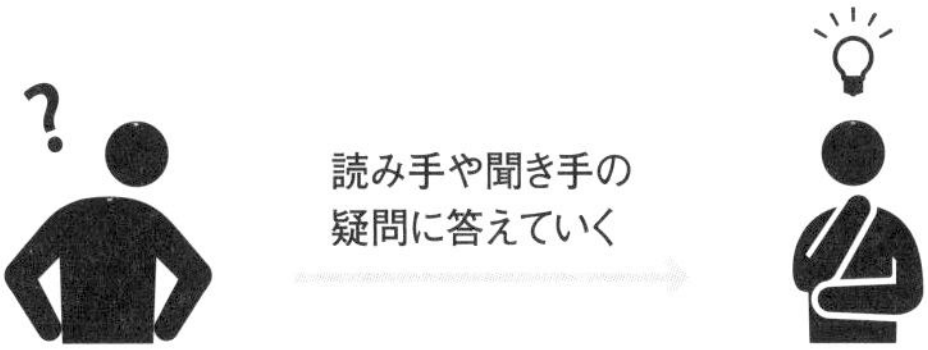

詳細はメモにして、それを見ながら読み手にわかりやすいストーリーを考え、その順番にメモを並び替える。この流れに沿って説明する気持ちで書いていきましょう。

15 一文には1つの要素だけ

「伝えたいことを盛り込んだのに、おかしな表現になった」「意図がうまく伝わらない」そんな人は、語順や言葉の選び方など簡単なポイントを押さえるだけで、「伝わらない」「読みづらい」「不自然な」文章の原因が解消できるはずです。

最初の基本は**「一文に入れる要素は1つに絞る」**ということ。結果として、**「一文は60～100字以内に収める」**ことにつながります。

文意を明確にするには、1つの文で1つの要素を述べるのが原則です。一文は60～100文字以内でまとめ、要素が増えたら文を分けます。

その際、4～5行で改行をしたり、接続詞をうまく活用したりすれば、話の展開が簡潔でわかりやすくなります。

次の「例文」を読んでみてください。

●例文

ロイヤルホールディングス（ＨＤ）は双日と財務基盤の早期改善、コロナ禍による事業環境変化とポストコロナに向けた変化への対応を目的に資本業務提携契約を2月15日に締結した。今後必要となる短期的な運転資金および海外への事業進出、サプライチェーンやＣＲＭの強化、新規事業の創出といった成長投資に向けた資金を確保するとともに、自己資本の増強および自己資本比率の改善、協業によるシナジーの創出を見込む。

ロイヤルＨＤは双日を割当先として第三者割当による普通株式の発行を実施するが、発行新株式数は普通株式５８２万７００株、発行価額は１株につき１７１８円、調達資金額は99億９９９６万２６００円、払込期日は21年3月31日を予定する。また、双日に対し、第1回新株予約権も発行し割り当てることで、双日の議決権所有割合は13・３１％となり、双日はロイヤルＨＤの筆頭株主になる見通しだ。具体的な成長投資としてフローズン・ミール「ロイヤルデリ」増産投資や冷凍アントレ（前菜）製造ライン新設等を計画し、成長投資に１２１億円をあてる。

こんな文章、読めませんよね。見ただけで嫌になったでしょう。

そこで修正案をお見せします。

●修正案

外食大手のロイヤルホールディングス（ＨＤ）は2月15日、総合商社の双日と資本業務提携した。コロナ禍による事業環境変化への対応と財務基盤の早期改善が狙い。双日に対して第三者割当増資を実施し、約１００億円を調達する。双日はロイヤルＨＤの筆頭株主になる見通しだ。

双日を割当先として第三者割当による普通株式の発行を実施する。発行新株式数は普通株式５８２万７００株、発行価額は1株につき１７１８円。払込期日は２０２１年3月31日の予定で、調達資金額は99億９９９６万２６００円となる。また、第1回新株予約権も発行し割り当てる。双日の議決権所有割合は13・３１％になる。

ロイヤルＨＤは短期的な運転資金とともに、海外進出や新規事業の創出に向けた資金を確保する。具体的にはフローズン・ミール「ロイヤルデリ」の増産投資や冷凍アントレ（前菜）製造ラインの新設などを計画。成長投資に１２１億円をあてる。

16 主語と述語を近づける

主語と述語を近づけて、文章のねじれをなくします。

長い文では複数の主語や述語が交錯し、互いが噛み合わない〝ねじれ文〟が生じる場合があります。

例えば「**我が社の経営理念は、顧客第一主義を貫き日本一の売上高を上げたい**」という文章。主語の「経営理念は」と述語の「日本一の売上高を上げたい」がつながっていません。述語が動詞になっているのが問題です。

この場合、「**我が社の経営理念は、日本一の売上高を目指して顧客第一主義を貫くことです**」、あるいは「**我が社の経営理念は、顧客第一主義を貫き日本一の売上高を目指すことです**」と、主語を名詞の述語で受けるのが正しいでしょう。

要素を整理して短い文に分解すると、対応すべき主語と述語の距離が近づきます。文意がしっかり通って読みやすくなります。

次の「例文」を比べてみましょう。

例文1

バブル経済崩壊後、百貨店業界は、高額商品の需要が減るなど消費の減退に直面すると同時に、ニトリやユニクロといったＳＰＡ（製造小売り）の台頭、郊外のショッピングモールの出店増加があり、地方店の相次ぐ閉鎖を余儀なくされるなど、市場規模はピーク（１９９１年）の半分以下に落ち込んだ。

例文2

バブル経済崩壊後、百貨店市場は大きく縮小した。高額商品の需要が減る一方で、ニトリやユニクロといったＳＰＡ（製造小売り）の台頭、郊外にショッピングモールが出店増加したためだ。この結果、地方店の相次ぐ閉鎖に追い込まれ、市場規模はピーク（1991年）の半分以下に落ち込んだ。

また、**二通りの意味に解釈できてしまう文章も避けなければなりません。**

例えば「**日本企業の多くは、脱炭素技術を欧米企業のように活用していない**」。この文章は、「欧米企業は脱炭素技術を活用している」と「欧米企業は脱炭素技術を活用していない」のどちらの解釈も可能です。

「～のように…ない」というパターンは曖昧な表現の代表的なものです。「日本企業だけが活用していない」ということを表現したければ、「～と違って」「～とは対照的に」などを使います。「**日本企業の多くは、脱炭素技術を欧米企業と違って活用していない**」といった具合です。より簡単に直すなら、「～のように」に対比を表す「は」を加えて「～のようには」とすれば、「～と違って」の意味になります（「**欧米企業のようには活用していない**」）。

一方、「日本企業も欧米企業も活用していない」と言いたいのなら、「～のように」の代わりに「～と同じく」を入れるとよいでしょう（「**日本企業の多くは、脱炭素技術を欧米企業と同**

じく活用していない」)。

ビジネス文章では極力受け身表現を使わないことも大切です。受け身表現は主語を曖昧にしがちだからです。客観性を意図的に持たせる場合はよいのですが、読み手には〝責任逃れ〟な文章と捉えられかねません。

例えば「思われます」や「見られます」は誰がそう思っているのか、そう見ているのかがはっきりしません。主語が明確ならば、「我が社は○○だと考えます」「私は△△だと思います」とすべきです。

17 「が」で文章をつなげない

よくあるのが「が」で文章がつながっている例です。**「が」は逆接(but)だけでなく、順接(and)としても使われる**のでやっかいです。

できるだけ順接では使わないこと。さらに、**逆接の多用を避けるために、同じ方向性の内容はまとめて書く**ことに気を配ります。

逆接を多用する人の中には、よくこんなメールを書く人がいます。

お手数をおかけして大変申し訳ありませんが、弊社までご返送をお願いできれば幸いに存じますが、よろしいでしょうか。

このように一文で一気に書いてしまうと、要点がぼやけた読みづらい文章になってしまいます。一見、表現は丁寧ですが、「**お手数をおかけして申し訳ございません。弊社までご返信をお願いできますか**」で十分です。

読み返してみて、**「が」で文章がつながっていたら、文章を分けましょう。**

逆接なのか順接なのかはっきりした接続詞の使い方を心がけ、どちらかわかりづらい曖昧な接続詞は使わない方がよいでしょう。

接続詞は使うタイミングがよければ、より文章に説得力が増します。ただ、前の文章に要素をつけ加える、添加の接続詞の「そして」は使い勝手が良く、多用しがちです。使いすぎると冗長（間延びした文章）になるので注意しましょう。

18 形容詞もできるだけ使わない

形容詞も極力使わないことをおすすめします。「おいしい」「面白い」「楽しい」「悲しい」「かわいい」といったものです。形容詞は誰にとっても使いやすく、便利ですが、平板で月並みな表現になってしまう危険性があります。どうおいしいのか、どう楽しいのか、**細かい部分が伝わりにくい。**

〈形容詞を置き換えた例〉

おいしい → だしの風味が鼻を抜ける、昔おばあちゃんがつくってくれた味……

面白い → ストーリー性がある、展開が想定外、お腹がよじれる……

楽しい → 久しぶりの開放感を味わう、ワクワクする……

悲しい → 涙がこみ上げる、悲嘆に暮れる……

かわいい → 子犬のような……

さらに言えば、「ちょっと」や「割りと」といった副詞もあまり使わない方がよいでしょう。曖昧さが出てしまうからです。

曖昧さをなくすためには数字を使うことが有効です。数字の活用は第3章でお伝えします。

プロの記者は、あえて形容詞を封印して、印象に残る表現をするように留意しています。日本経済新聞の「春秋」、朝日新聞の「天声人語」、読売新聞の「編集手帳」など、朝刊1面の下にあるコラムを見てください。形容詞や副詞はほとんど見当たりませんから。

19 助詞の「の」、語尾の「です」の連続使用に注意

「**弊社の主力事業の環境緑化ビジネスの売上高の推移は横ばいである**」のように、一文に助詞の「の」が立て続けに登場することは避けたいものです。「の」が連続する文章は稚拙な印象が拭えません。「**弊社の主力事業である環境緑化ビジネスの売上高は横ばいで推移している**」とするなど、**「の」の使用は一文で2つまでに抑えましょう。**

一方、同じ語尾が連続するのも避けたいところです。

例えば「**日本は世界第3位の経済大国です。アメリカ、中国に続くGDP（国内総生産）の規模です。しかし、2020年のGDPはマイナス成長です。新型コロナウイルスの感染拡大は続いており、21年も厳しい経済環境です**」。この文章は「〜です」が4回続いています。

これは「**日本はアメリカ、中国に続く世界第3位の経済大国です。しかし、2020年のGDP（国内総生産）はマイナス成長に陥りました。新型コロナウイルスの感染拡大で、21年も厳しい経済環境が見込まれます**」などとした方がよいでしょう。

「〜です。〜です。〜です」とか「〜ます。〜ます。〜ます」のように**同じ語尾で終わる文が3回以上続くのも稚拙**で、単調な印象になります。

このほか、様々な事柄を名詞化する「〜こと」「〜もの」はクセになりやすいので注意しましょう。「〜こと」「〜もの」は状況や事柄を強調するには便利ですが、多用すると内容がぼやけてしまいやすいのです。

第2章

文章の構成を考える

1 長い文章に価値はない

長い文章ほど価値がある、というのは錯覚です。短い文章で伝わるなら、それに越したことはありません。文章の長さは目的に応じて使い分ければよいのです。

トヨタ自動車では、報告書や提案書をＡ３もしくはＡ４判用紙１枚にまとめる文化があるといわれます。まさに合理的な企業文化を映しています。日本経済新聞社でも、以前同様な指導がありました。忙しい経営幹部に何枚もの文章を読んでもらうのは現実的ではありませんから。

情報があふれかえる現代にあって、「読むか読まないか」は一瞬で判断されます。**パッと見て「読みやすそう」と思ってもらえることはますます重要になってきている**のです。

「文章は読んでもらえないもの」という前提で、コンパクトにまとめましょう。

2 コンパクトに書く手本、それが新聞記事

コンパクトに書くために参考になるのが新聞記事です。新聞記事は重要かつ新しい情報を最初の方にもってくるのが大原則です。

朝刊1部は新書2冊分の文字数があります。朝の忙しい時間にそんな文字数は読めません。時間がなくても様々なニュースが目に飛び込み、内容を理解できる工夫がなされています。

新聞記事の文章は「逆三角形」構造になっています。多くの場合、記事の最初の段落に5W1Hの要素が含まれます。When（いつ）、Where（どこで）、Who（誰が）、What（何を）、Why（なぜ）、How（どのように、どうやって）という要素。こうした**基本情報が冒頭に配置され、その後も重要度が高い情報から配置されていく**のです。

新聞記事は紙面が限られているため、締め切り間際に重要なニュースが入ってきたりすると、スペースに収まらない場合もあります。そのため編集担当（整理部記者）が後ろから文章を削っていく原則があるからです。

3 「逆三角形」で〟頑丈な〟文章を

逆三角形構造のポイントは、**「何をどう伝えたいのか」を一言（一文）で要約し、伝えたい要素から優先的に並べていく**だけのことです。

大切なのは、書き手が全容をきちんと理解していること。そうでないと、伝えたいことの優先順位がつけられません。当たり前のことですが、書き手が理解していないものを読み手が理解できるはずがありません。

わかりやすい文章を書くのは、「頑丈な家」をつくるのと同じです。

まず土台を固めて柱を立てていきます。土台が結論（主張）であり、柱や梁などの構造軀体《くたい》（スケルトン）がそれぞれのファクト（客観的事実）です。ですから文章も結論を先に書く。その後に結論を補強するためのファクト、具体的には「理由」「事例」「詳細」をもってくる。理由や事例が複数あると、柱が増えて「頑丈な」文章ができあがるわけです。

見出しやタイトルを柱と位置づける見方もできます。柱が小見出しやタイトルと考えれば、それに壁や窓枠などのファクトで肉付けしていくのです。そうすると段落ごとに同じ趣旨の塊ができ、丈夫な家ができあがるわけです。

小見出しやタイトルは段落の冒頭の文章になる場合があり、箇条書きで整理しておいた材料が生きてきます。

4 文章を削る勇気を持つ

余計な表現を取り除いてなるべくシンプルにしていくと、〝筋肉質〟な文章ができあがります。削るポイントとしては、次のようなものがあります。

1. 「説明しなくてもいいもの」を削る
2. 重複や繰り返しを削る
3. 「私は」「思います」を削る
4. 曖昧な「が」を削る

❺ 余計な「という」を削る
❻ 余計な「〜こと」「〜もの」を削る
❼ 前置きを削る

経営学を勉強した人なら、「戦略とは何か」ということを議論したことがあるでしょう。私がある先生から聞いたのは、「戦略とは、いかに戦わないかを考えること」でした。字のごとく「戦《いくさ》を略すること」だと言うのです。

文章作成も「いかに削るかを考えること」です。**削れるものはなるべく削る**ようにしましょう。

一文を短くするのと同じで、**1つの文章で言いたいことは1つ**。これが大原則です。

人間の体には丹田があるように、文章もどこに重心があるかが重要です。削る余地がある文章は焦点がぼやけます。仮に1万字書いたとしても、8000字が不要であれば2000字の文章にする勇気が大切です。

5 長い文章なら「理由」と「事例」を充実させる

ちょうどよい文章量にするのにもテクニックがあります。文章の長さは、次の3点を足したり削ったりすることで自在に調節できます。

❶ 対比
❷ 理由
❸ 事例

長々と前置きや言い訳を書いていないか、具体例やたとえ話がしつこくなっていないかを確認するのも大事です。同じことを何度も書いてしまう人は、結論部ばかりを引き延ばそうとしている可能性があります。

文章を長くしたい場合は、序論・本論・結論の3ステップのうち、本論に厚みを持たせる。

結論を支える「理由」と「具体例」の記述を充実させるとよいでしょう。

例文

新しい市場を開拓することは、企業の持続成長にとって大事だ。なぜなら、製品やサービスにはライフサイクルがあるからだ。例えば、デジタルカメラをつくっていたメーカーはスマートフォン（スマホ）の登場で事業構造の改革を迫られている。

「事例」を追加した修正例

新しい市場を開拓することは、企業の持続成長にとって大事だ。なぜなら、製品やサービスにはライフサイクルがあるからだ。例えば、デジタルカメラをつくっていたオリンパスやキヤノンといったメーカーはスマートフォン（スマホ）の登場で事業構造の改革を迫られている。作業着販売のワークマンは、アウトドアスポーツ愛好者や女性を新たなターゲットとした店舗を展開し、増収増益を続けている。また、国内市場は少子高齢化でパイが縮小し始めている。そのためファーストリテイリングや良品計画は海外展開を加速している。

●「事例」「対比」を追加した修正例

新しい市場を開拓することは、企業の持続成長にとって大事だ。なぜなら、製品やサービスにはライフサイクルがあるからだ。例えば、デジタルカメラをつくっていたメーカーはスマートフォン（スマホ）の登場で事業構造の改革を迫られている。スマホと競合する小型のレンズ一体型デジタルカメラの不振が続くためだ。

オリンパスは２０２１年１月、デジタルカメラを中心とする映像事業を、投資ファンドの日本産業パートナーズ（ＪＩＰ）に譲渡した。一方、キヤノンは15年、ネットワークカメラを手掛けるスウェーデンのアクシスコミュニケーションズを買収して、監視カメラなどの新規事業を強化している。

6 文章構成はサンドイッチで

国語の授業では、文章は「起承転結」で書くべきだと習いました。ですが、コラムはけっして起承転結にはなっていません。

主張（結論）と主張（結論）で根拠（理由）や事例をはさみ、結論を説明・補強する文章がコラムです。サンドイッチでいうなら、ハムや卵、レタスといった具材が事例や数字（データ）であり、主張（結論）がパン、そしてそれらをつなぐロジックがバターやマーガリンと言っていいかもしれません。

文章講座やプレゼンテーション講座でよく取り上げられるSDS法（Summary＝要点→Details＝詳細→Summary＝要点）や、PREP法（Point＝結論→Reason＝理由→Example 事例→Point＝結論）というテクニックもコラムの書き方の一例です。

SDS法でいえば、①展示会の出展は中止すべきです→②なぜなら新型コロナウイルスの感染拡大が続いており、展示会には多くのお客様が参加されるからです→③早く中止を決定し、参加者に連絡する必要があります――といった具合です。

問題

エスカレーターの片側空けに賛成ですか、反対ですか。

回答例

エスカレーターの片側を空けることには反対です。お年寄りや障がいを持つ方への配慮が必要であり、健常者も含めて誰もが安全で安心できる環境を保つことが重要だと考えるからです。実際にエスカレーターでの事故は多く、私の両親も自分の横を駆け上がったり下りたりする人がいるのが不安だと訴えます。

仕事で忙しい人や、急を要する人もいるのは確かです。自分も急いでいるとき、エスカレーターの片側を利用することもないとは言えません。しかし、社会にはルールが必要です。一定のルールに従うことで秩序が保たれ、安全な生活が送れます。

2列で立ち止まって利用するのにも柔軟な運用が必要です。2列並びはラッシュ時には「密」になり、将棋倒しになるリスクもあります。人の流れに応じて社会的距離を保ちながら、片側を空けても「歩かない」方向へ是正することが、社会の安全・安心につながるのではないでしょうか。

右の回答例では、まず賛成か反対かの主張を明示しました。

そして、〝誰もが安全で安心できる環境を保つことが重要だと考えるから〟と反対の理由を続けるオーソドックスな展開です。自身の両親の不安も紹介し、反対理由に説得性を持たせました。

第2段落で、〝仕事で忙しい人や、急を要する人もいるのは確かです〟と始め、読み手の疑問に答えるよう工夫しています。

そして〝柔軟な運用も必要〟とし、主張が独りよがりではないことを示唆して、納得感を醸成するようにしました。

三段落構成のSDS法（Summary＝要点 → Details＝詳細 → Summary＝要点）の典型的な文章例です。

次はPREP法の文章例をみてみましょう。

問題

消費税の増税に伴い、店頭での価格表示にどのような影響がありますか。

回答例

２０２１年4月から消費税込みの価格表記が原則となる。時限立法の期限が切れるためで、「98円」の表記は税込価格の「１０５円（食品など８％の場合）」、もしくは「１１０円」と併記しなければならなくなる。価格が少し変わるだけで、消費者心理に対するインパクトは違ってくる。例えば98円と１００円。わずか2円しか差がないが、価格の桁が2桁から3桁になり、これが消費者に割高感を抱かせる。

98円や１９８０円といった価格設定を「端数価格」と呼ぶ。切りの良い数字より、安いと感じさせることを促す価格政策だ。心理学的には「大台割れ価格効果」、または「端数価格効果」と呼ばれることもある。実際に、2円や20円という価格差以上に消費者は「安い」と感じて売れ行きが伸びるため、食品や日用品、衣料品をはじめあらゆる商品で設定されている。

端数に「８」が使われるようになった起源は定かではないが、八は末広がりで縁起が良く、イチキュッパ、ニーキュッパといった語呂の良さからという説もある。

１９９７年4月に消費税率が3％から5％にアップした際や、２００4年4月に総額表示が義務付けられた際も、大台割れ価格を維持しようと多くの企業が価格転嫁を見送り、実質値下げを迫られた。だが今後は消費税率が段階的にアップしていくことが予想され、企業がそれを吸収することは容易ではない。

総額表示の義務付けをめぐっては、２０１４年の８％、２０１９年の10％と消費税が段階的に引き上げられるのに伴い、２０２１年3月31日までの特別措置として税抜きの本体価格表示も認められることになった。つまり、「１００円＋税」といった表示が可能になり、多くのスーパーやドラッグストアでは本体価格を表示してきた。

ただ、消費者は消費税を含めて結局いくら払うのかを知りたいということは各種調査で分かってきており、顧客の理解を得るために「総額で端数価格を維持する」という声も出てきた。実際、「ユニクロ」のように、税込みの総額価格で「１９９０円」や「３９９０円」を維持する思い切った値下げに踏み切る企業も出てきた。

いずれにしろ１９９７年、２０１４年、２０１９年の消費税率のアップは消費者心理を冷え込ませた。価格表示をどうするか、小売業や外食業にとっては知恵の見せどころといえそうだ。

回答例は、冒頭で消費税込みの総額表示が原則となることを紹介（P）。それは時限立法の期限が切れるため、本体価格のみの表示ができなくなるからという理由を書きました（R）。

そして、端数価格という店頭の価格表示について説明し、消費税率アップの都度、小売企業は消費者心理への影響を警戒してきた事例を盛り込みました（E）。直近のユニクロの値下げの動きを紹介し、内容に厚みを持たせています（E）。

最初と最後で「消費者心理」というキーワードを繰り返しています。

7 読者の疑問・反論に先手を打つ

ここでは、読者の疑問・反論に先手を打つパターンを少し詳しく説明します。

基本は、**①意見→②理由（なぜなら～）→③相手の反論予想（確かに～）→④反論（しかし～）**という流れです。

例えば、①電話よりメールの方がよい→②なぜなら、メールは文字で記録が残るから→③確かに、電話の場合は声のトーンなどで感情が伝わる→④しかし、ビジネスで大切なのは感情豊かに伝えることよりも正確に伝え、その記録を残すことである、といった具合です。**SDS法のパターンに、自分の主張への疑問や反対意見を想定し、それに対する回答を入れる**わけです。

説得力のある文章を書く順番

パターン1

- **序論** 話題提示・主張
- ▼
- **本論** 主張の理由・根拠
- ▼
- **結論** まとめ・主張

パターン2

- **意見** 話題提示・主張
- ▼
- **理由** 主張の理由・根拠
- ▼
- **反論予想** 主張に対する疑問や反対意見を想定
- ▼
- **結論** 反論予想に対する回答

△ 自説を一方的に主張
○ 相手の言い分を受け止める
↓
冷静な態度

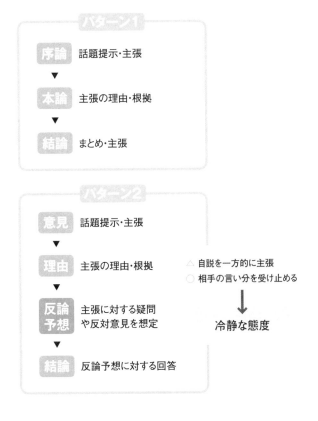

ポイントは、③で自説を一方的に主張するのではなく、相手の言い分を受け止める。そして、**認めるべき点は認める**という冷静な態度で臨むことです。それでこそ、④が生きてきます。説得力や納得感が格段に高まるわけです。

8 OPQA法

反論を入れるパターンを、経営コンサルタントの山崎康司氏は「OPQA法」と説明しています。

①Objective（望ましい状況）→②Problem（問題、現状とObjectiveとのギャップ）→③Question（読み手の疑問）→④Answer（答え／文書の主メッセージ）という流れです。

①売り上げを増大させる→②売り上げが低迷している→③売り上げを増大させるためにどうすればよいか？→④売り上げを増大させるために○○を提案する、のように、③で①②の文章や話を読み聞きしている人の疑問を提示し、④で疑問に答えつつ①の必要性を強調します。

次の問題にOPQA法で回答した例をみてみましょう。

問題

スマートフォンを小学生に持たせるべきでしょうか。

回答例

スマートフォン（スマホ）を小学生にも持たせるべきです。デジタル化が急速に進むなかで、スマホのアプリは日常生活を送る上で便利な機能が増えています。さらに子供のうちからスマホやSNS（交流サイト）の利用法を積極的に学ばせることで、コミュニケーション能力の向上などメリットも大きいと考えます。

子供のスマホや携帯電話の利用率は上昇が続いています。内閣府の調査によると、2017年度の小学生（4年生以上）の携帯・スマホの所有・利用率は55・5％で、10年度の20・9％から急増しました。親がスマホを持たせた理由を聞いた東京都の18年3月調査では、「子供にせがまれたため」が33％と最多。「所在地がわかるようにするため」（30％）や「情報処理能力がつくため」（15％）が続きました。

親がスマホを日常的に使っているのに接していれば、子供が欲しがるのは当然。小学校への入学を機に、子供だけで遊びに行く時間が増えます。共働き世帯も増えており、親と子の連絡手段は不可欠となっている点もスマホの所有や利用を後押しします。アプリの充実も見逃せません。グーグルマップのモバイル版アプリには自分の居場所をリアルタイムで相手に知らせる「現在地の共有」機能があり、子供を持つ親としては安心なサービスです。リクルートの「スタディサプリ」は予備校講師らによる授業動画を自宅で視聴できます。これらのアプリは費用が安価なことが大きな利点です。

ただ、子供の利用では「負（暗）」の側面も指摘されているのは事実です。警察庁によると、19年にSNSで何らかの被害に遭った児童数は２０９５人。この10年で8割強増えています。スマホ依存に陥ると、メンタル面の不調や不眠などを招くと警鐘を鳴らした『スマホ脳』（新潮新書）といった書籍がベストセラーにもなっています。東北大学加齢医学研究所の川島隆太教授の調べでは、自宅で勉強をする、しないに関係なく、スマホを使う時間が長い生徒の成績が悪いといいます。

反対にデジタル化によって可能になる学習はたくさんあります。例えば理科。理科室では不可能だった実験も動画再生なら一瞬で、目で見えない反応まで映せます。AI（人工知能）ドリルや学習アプリで効率的な自主学習も可能になる。そのツールはやはりスマホ。社会全体でスマホを安全に活用できる環境を整えることで、小学生がスマホを持つ「正（明）」の部分を強調したいと考えます。

主張（結論）→理由（根拠）→事例→抑え（反論とそれへの対応）→主張（結論）というように、**「こうした反論や見方もある」という〝抑え〟を入れると客観性が増します。**

これは「両面提示の法則」という、相手を説得する心理テクニックにも通じるものです。一面提示とはメリットになる情報だけを相手に教える方法。両面提示とはメリットだけでなく、デメリットも教えた上で説得する方法です。

相手が自分より立場が上だったり、自分と異なる立場だったりする場合は、プラスの情報だけでなく、マイナスの情報を提供する両面提示でなければなりません。

例えば、小売店で顧客に商品やサービスを売り込むときは、長所やメリットを伝えるのが一般的です。「この商品は性能が抜群で、グッドデザイン賞も受賞しています。しかも今はキャンペーン期間でお求めやすい価格になっています」といった具合に。

この一面提示に対して、**両面提示はあえて商品の欠点を提示することで相手の信用を得るテクニック**です。

OPQA法

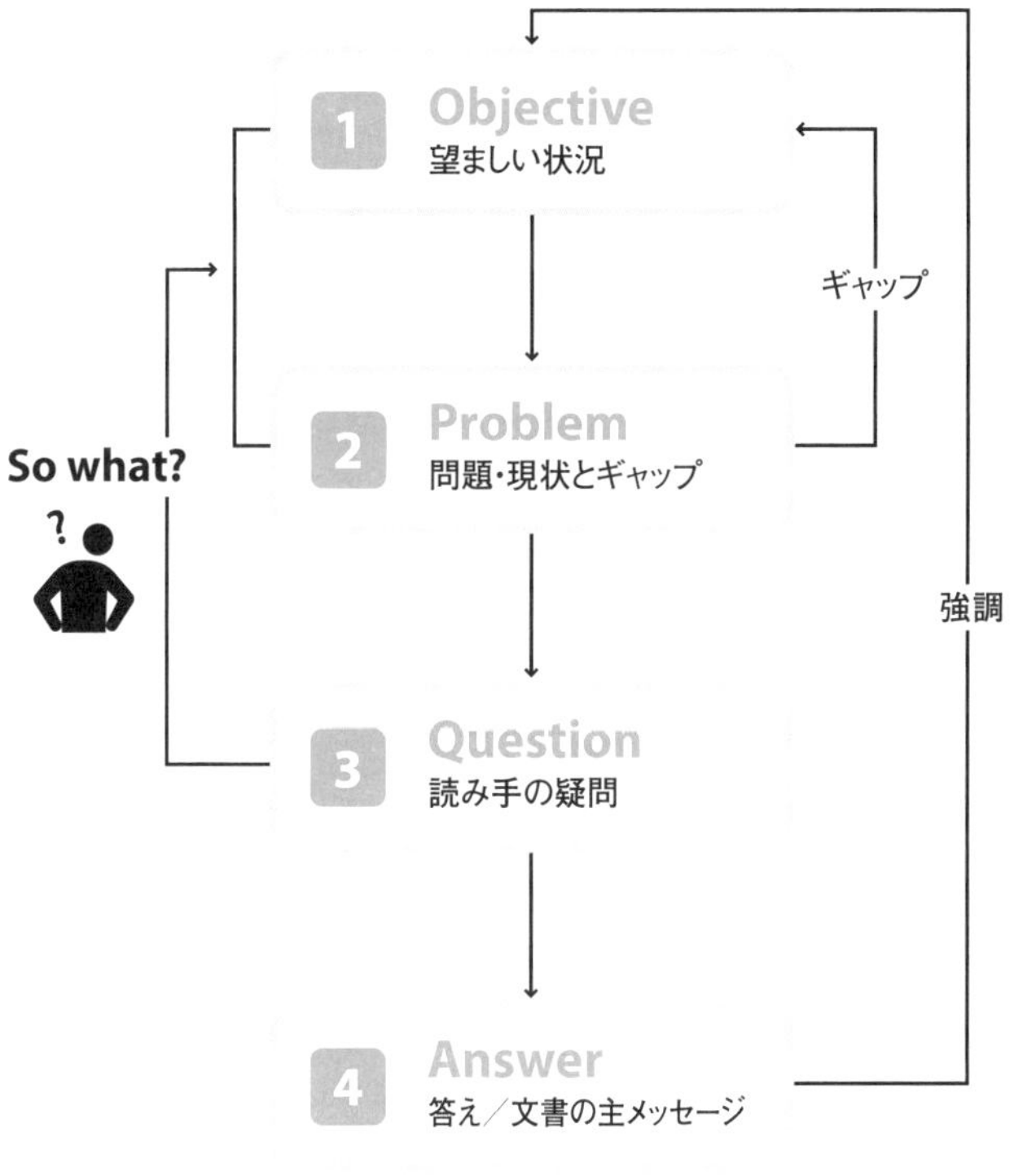

1
Objective
望ましい状況
ギャップ
2
Problem
問題・現状とギャップ
So what?
?
強調
3
Question
読み手の疑問
4
Answer
答え／文書の主メッセージ

両面提示が効果的なのは、相手が対象であるモノに関する知識を持ち、しかも判断力があるときです。その場合は、メリットとデメリットを包み隠さずに伝えた方が、こちらの信用を高められます。相手を合理的に説得したければ、功罪両面を素直に伝えるのがベターです。ＯＰＱＡ法はこの原則を抑えています。

また、メリットとデメリットの間に何らかの因果関係が説明できると、説得力がさらに増します。例えば、「旧モデルだからお安くできます」「機能が限られているので使いやすい」といった論法です。

繰り返しの主張（結論）の前に反論への対応（抑え）を差し込むことで、「独りよがりではない」「いろいろな立場にも目配りしている」と思ってもらえます。読む人に対する説得力が増し、読み手の納得感が高い文章に仕上げられます。

〝抑え〟を入れるというのは、意外に知られていないテクニックです。

伝わる文章というのは、読み手の疑問（Why?、So What?）に答えていくことです。その点を理解すると、依頼や交渉もうまくいきます。

抑えのテクニック

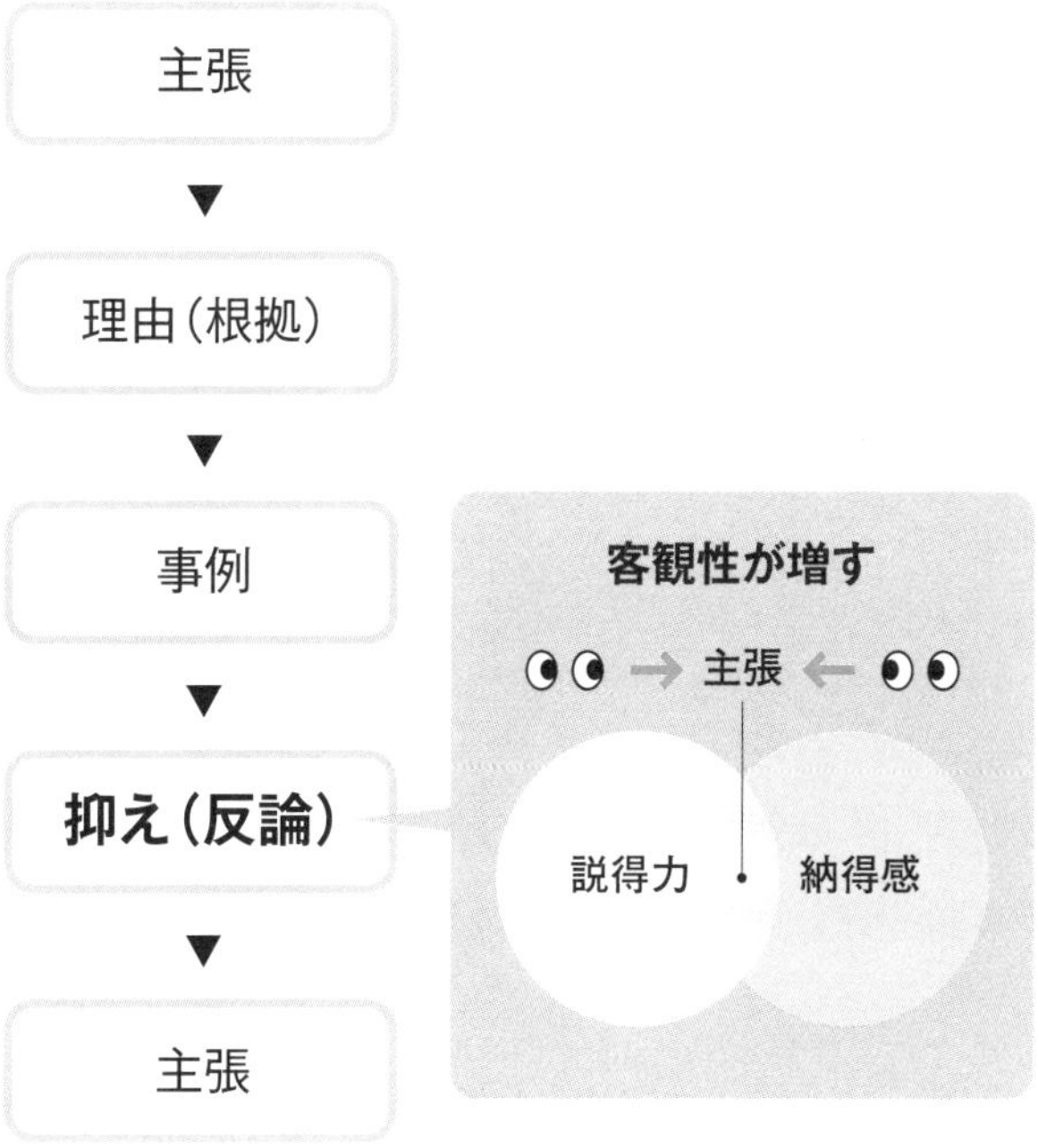

依頼の文面では、想定される「お断りの理由」をあらかじめつぶしておくのです。それがOPQA法を使うメリット。断りの理由をつぶし、自分の熱意を伝えつつ、さりげなく「あなたにとっても悪い話ではないはずです」ということを伝えたらよいのです。

第3章

ファクトと数字の大切さ

1

「誰かに何かをしてもらう」ために書く

読んで決断してもらうための文章の代表例が企画書や提案書です。決断してもらうために説得力や納得感を高める手法としては、これまで述べてきた**簡潔さが第一**。伝えたいことを盛り込みすぎると内容が伝わりにくくなるので、まずは整理が必要です。絶えずゴールを明確に意識しましょう。

どのビジネス文章も、基本的には「誰かに何かをしてもらう」ために書かれます。読む人の具体的なアクションを引き出すのが目的です。それを意識せずになんとなく書いたり、書くこと自体が目的になっていたりすると、誰にも響かない文章になってしまいます。

「誰に何をしてもらうのか」を常に自問自答しながら書くことが大切です。

2 共感してもらうための「納得感」

共感してもらうための前提になるのが納得感です。文章やプレゼンテーションの内容に納得のいく情報が入っているかどうか。それがカギを握ります。

納得がいく情報とは、「ファクト（客観的事実、事実関係）」にほかなりません。ファクトとデータ（数字）は切り離せないものです。「人出が多い」という場合、１０００人とか３０００人とか具体的な数字を挙げ、前の年に比べて50％増えたなどと表現した方が、読者もイメージがつかめます。

コロナ禍で急速に普及したテレワーク環境にあって、より重要になっているのが、数字を用いた資料です。リモート会議において口頭で長々と話をしても納得感は醸成できません。短時間で、客観的な数字を含めて相手の心に刺さる説明ができるかがポイントです。

3

客観的事実が書かれているか

米大統領だったドナルド・トランプ氏は、ツイッターによるメッセージで世界を翻弄しまし

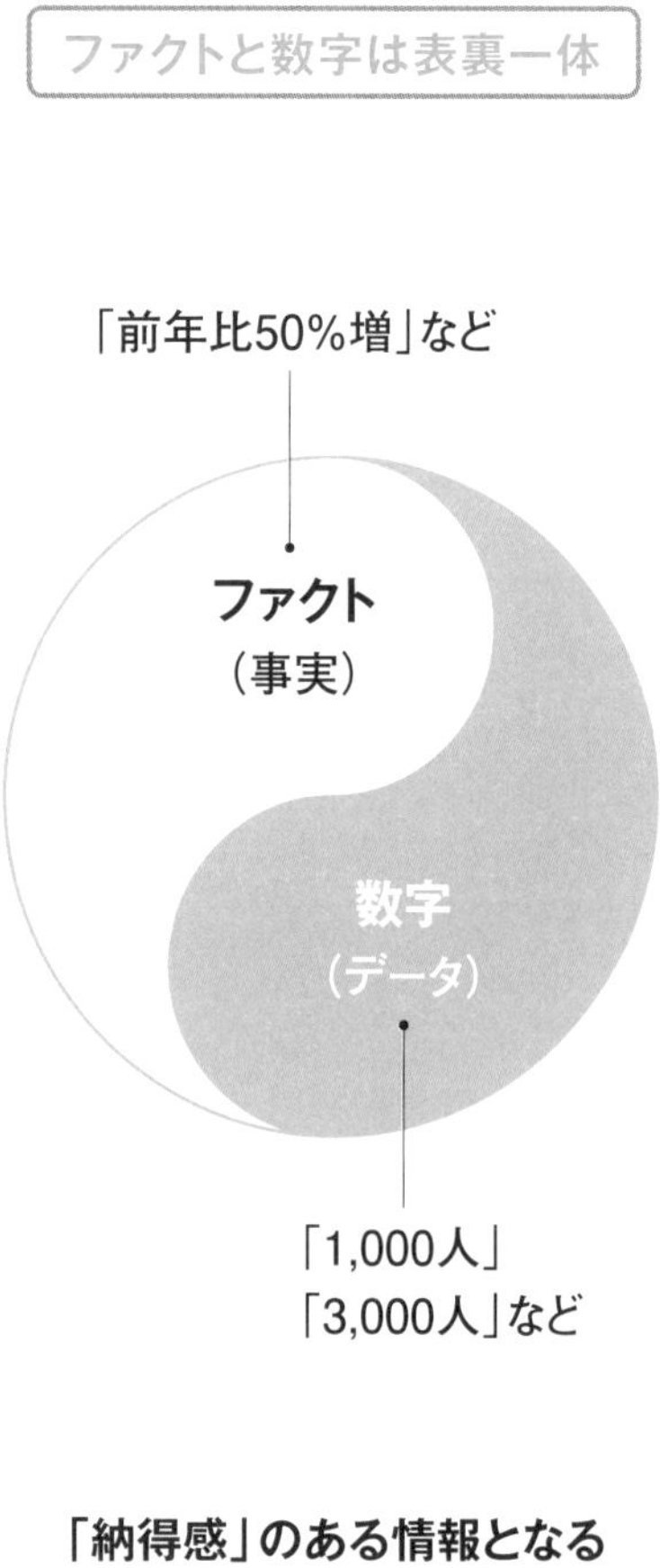

た。大統領本人がニュースメディアを「Fake（フェイク＝偽物）」と呼んで非難。また、自らの支持者数や就任式典に集まった人数についての発表が現実と異なるものであったことに対し、大統領周辺は「Alternative Facts（もう一つの事実）」と呼んで正当化しました。ここにも客観的事実はありませんでした。開いた口が塞がらないと思った人も多かったのではないでしょうか。

ファクトと聞くと、「事実」という日本語が連想されます。中学校で習う英単語です。でも、曖昧な言葉でもあります。メディアは「ファクト」という言葉を好みます。

トランプ氏から集中砲火を浴びせられたCNNテレビのスローガンは「Facts First（事実第一主義）」。私も新聞社に入社以来、「ファクトはあるのか」「ファクトに基づいているのか」と先輩から口を酸っぱくして言われ、自問自答しながら仕事をしてきました。

そんななか、『FACTFULNESS（ファクトフルネス）』（日経BP社）という書籍が100万部を超えるベストセラーになりました。正しく見ることを阻害している10の思い込みを、豊富なデータと印象的なエピソードで語り、私たちをファクトに基づいて世界を正しく見る習慣へといざなってくれた啓蒙書でした。

トランプ氏が叫んだ「フェイク」の対義語として「ファクト」を目にした人もいるかもしれません。また、当局の発表やメディアの報道を監視する「ファクトチェック」という動きに注目した人もいるのではないでしょうか。

4 ファクトとは何か

ファクト（Fact）とは、「実際にあったこと、事実」という意味です。理想や噂、作り話ではなく、事実に基づいたもの。合理的で主観が入り込む余地がなく、「データ」にほかならないという研究者もいます。

ビジネスの世界では、**業務上で扱われる事象やデータにおいて、事実に基づいているか確証がとれたものがファクト**になります。

どんな人にも、その人なりの価値観が存在します。けれども客観的事実は個々の考えの違いに左右されにくいといえます。事実関係や問題点を認識する上で共通の基盤になるのがファクト。それがあるから議論ができるのです。

ファクトに基づいた資料とは「根拠のある資料」です。取引先や上司などから資料を求められた際は「根拠のある事実」を用意しなければなりません。**一般に、強い根拠＝ファクトとは、数字やデータ、出所がはっきりした調査結果、公的機関や専門家が保証した資料や発言など。**こうした確かな根拠を提示できれば、自説に説得力を持たせることができます。

論理的な思考には、ファクトが必要不可欠です。先入観や主観を捨てて、事実を見つめて判断する習慣をつけたいものです。

5 誰もが納得する事例やデータを盛り込む

一般的な言葉としても浸透しつつある「ファクト」は、物事を伝える上で重要な要素です。文章で大切なのは、まずは**「主張（結論）」があるか**です。何を伝えたいのかわからない企画書は意味をなしません。ただし、「こうしたい」「こうするべきだ」と主張しても、それを支える**ファクトがなければ信頼性に欠ける**ものになってしまいます。

ファクトとは客観的事実です。誰もが納得する事例やデータのことです。**誰もが納得し、説得材料となるファクトとしては、政府や国際機関の統計データ、一定の母数が確保されたアンケート調査、識者らの論文・コメントなどが代表的**です。

当然、それを探してくるリテラシー（能力）やノウハウが必要になるわけです。ただ、インターネット時代はわざわざ国会図書館など大きな図書館や資料センターに行く手間をなくしてくれました。

6 「5人前」は適切な分量か？

商品やサービスの企画で人口統計を使う場合は多いでしょう。ターゲット（主要顧客）をファミリーとする食品の新商品の企画で、例えば基準容量を5人前としていたらどうでしょうか。「ちょっと多いのではないか」という疑問がわくのは当然でしょう。この場合、日本の世帯人員の統計データに当たっていれば、5人前という容量はでてきません。

「標準世帯」といえば、以前は夫婦と子供2人の4人家族とされていました。平均世帯人員が4人を超えていたのは約60年前。そこから考えても5人は多すぎます。実際、厚生労働省の国立社会保障・人口問題研究所の資料によると、2015年の平均世帯人員は2・33人。最も多い世帯人数は単身で、34％にのぼっています。世帯人員は今後減少が予想され、2040年には2・08人になるとされています。

この事実をみれば、ファミリーをターゲットにしていても、「3人前」と容量を減らした方が良さそうだという結論が見出されます。

ただ、あえて「5人前」とする企画だという場合は、その主張を補強するファクトを持ってくる必要があります。

例えば、週末向けの食品として、親夫婦（2人暮らし）の家庭に子供夫婦が孫を連れてくるシーンを想定している、などという場合。その市場は「インビジブルファミリー（見えない家族）」などと言われている、あるいは「6ポケット（夫婦とそれぞれの両親の6人の財布）」のような消費形態が無視できない、といった調査データを探してくれば説得材料となるでしょう。

冷凍食品など保存の利く商品を中心に、新型コロナウイルスの感染拡大で大容量パックが売れているという、スーパーマーケットの業界団体の発表もありました。

ファクトを積み重ねることが、説得力のある企画書や提案書につながるわけです。

7 数字は主張に説得力を持たせる

ビジネス文章に説得力を持たせる「近道」は、数字を使うことです。数字を使うことで、誤解なく情報が共有でき、正確な共通認識が生まれます。「なるべく早く」と言われても、人によっては認識に開きがあるはずです。「3日後」「1週間後」などと数字を使えば間違いは起きません。

『ファクトフルネス』は、思い込みにとらわれず、数字と事実で真実を見極めようとする態度の重要性を説きました。ベストセラーになったのは、同書の主張に納得感があったからでしょう。説得力のある主張は読む人や聞く人に納得感を与え、人を動かす〝武器〟になります。

数字は客観的事実（ファクト）であり、相手に文句を言わせないパワーを持っています。

さらに納得感や説得力を高めるためには、**相手（読み手や聞き手）が持つ「ものさし」を利用すること**です。だれでも育った背景や学んだ分野によってそれぞれの判断基準を持っています。言い換えれば、その人がピンとくる指標や単位を使うことで「伝わる文章」に仕上げるのです。

農業を営んでいる人なら「1反」の広さはわかるかもしれませんが、住宅関係の人なら300坪といった方がわかりやすい。平方メートルなら991・74平方メートル。小中学生なら学校のプール（25メートル）6個分、畳600枚分といったらよいかもしれません。

ビジネスでは、動いて欲しい相手が重視している指標で伝える工夫が求められます。

8 数字に特別なセンスはいらない

数学が苦手な人は多いでしょう。数字を扱うといっても特別なセンスは必要ありません。かくいう私も、中学校で習う一次関数や連立方程式も危うい感じです。

数学はなぜ苦手意識を持たれやすいのでしょうか。それは、見えないものを扱っているからです。数字は数の概念をシンボルにしたもので、数には実際に触れることはできません。だからこそ、**身近なものに結びつけてリアリティを持たせる**ことが大切です。

数字はたくさん見比べてみる必要があります。「100%の利用者が『満足』と回答」「広告費に換算すると1億円」など、とてつもなく大きな経済効果に対しては批判的に見ることも大事です。話題づくりのために経済効果の数字を作っている、などと客観的に見るのです。マスコミに出てくる数字は結果のみです。どうしてこの数字が出てきたのかというプロセスにも注目してみれば、このデータはおかしいなどということがわかるようになるはずです。

9 受験数学とは違う「仕事の数字」

ビジネスの世界では、「文系だから数字に弱いのは仕方ない」という言い訳は通用しません。それに、「理系だから数字に強い」というのも本当でしょうか。

あえて言えば、数学と数字は違います。受験数学とは違う「仕事の数字」を使いこなせているかが重要になります。仕事の数字とは、例えば売上高、営業利益や売上高営業利益率、原価率、値入率、粗利益率、損益分岐点、市場占拠率（シェア）といったものが考えられるでしょう。

家具専門店チェーン、ニトリホールディングスの似鳥昭雄会長は、為替相場など景気予測に長けていることで知られます。成果を上げている経営者、現場リーダーは目のつけどころが違い、数字を生かす勘所を知っています。

10 威力を発揮する「割り算」

理系、文系というのも関係なしです。なぜなら、足し算、引き算、かけ算、割り算の四則演算だけを理解しておけば、数字力は鍛えられるからです。

特に威力を発揮するのは割り算です。

売り上げ100億円の会社が2社あったとします。一方は社員1万人、もう一方は100人だとすれば、社員1人当たりの売り上げは全然違います。

総額に意味がない場合もあり、「1人当たり」「1個当たり」に直してみてはじめて意味が出できます。

物事の実態がリアルにつかめないときは、とりあえず割ってみる。そういう感覚を持つことが本書で言っている数学的思考です。

11 比較するクセをつけよう

もう一つ重要なのは、比較をするクセをつけることです。

例えば、日本に歯科医院は何軒あるか。答えは約7万軒ですが、7万という数字だけでは、これが多いのか少ないのかさっぱりわかりません。しかし、約5万5000店というコンビニエンスストアの店舗数や、約2万4000局という郵便局の数が頭にあると、いかに歯科医院が多いのかがつかめます。

比較を容易にするために、**基準となる常識的な数字は覚えておきたい**ものです。日本のGDP(国内総生産)は約550兆円。1兆円という数字は、GDPのおよそ550分の1であり、

数字の具体性・抽象性

正確な数字の比較=納得感 説得力を高める

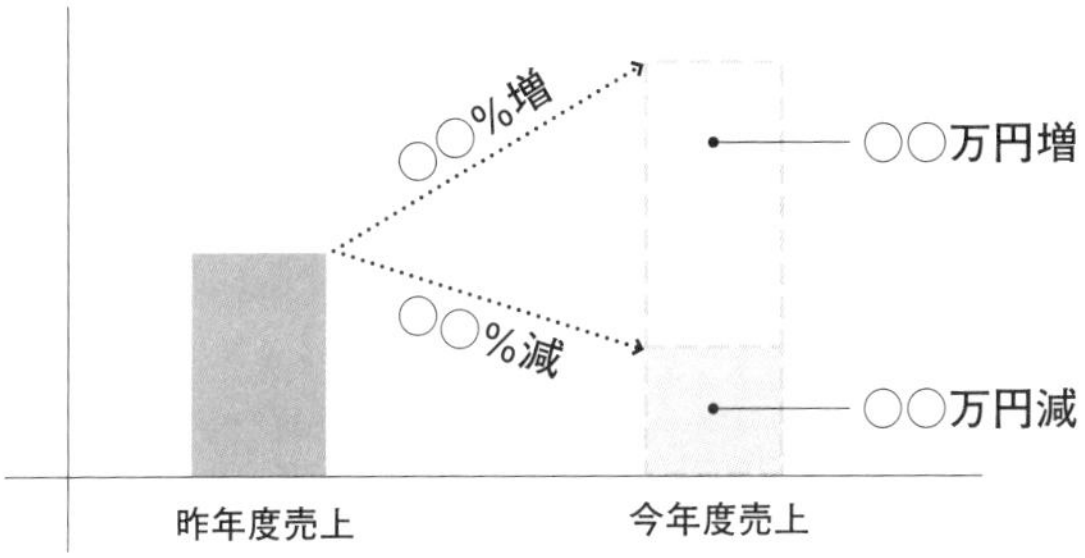

ざっくりとした数値で十分な場合もある

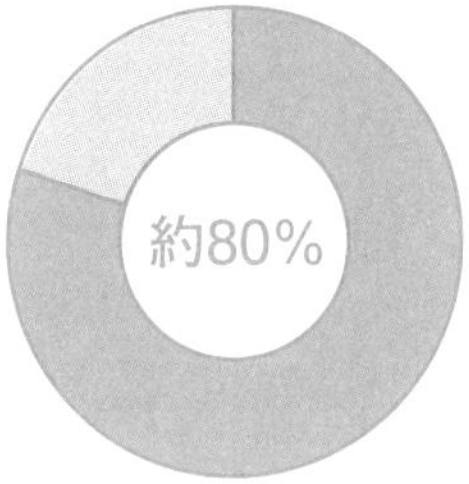

これはなかなかのスケールを持っていることがわかります。

このように大きな数字を知っていることは、プレゼンなどでも効果があります。「日本の生産年齢人口は7600万人ですから、したがって……」「ウォルマートの売上高60兆円と比較すると……」などと説明すれば、「すごいな、コイツ」と納得してもらえるかもしれません。

12 その数字は「東京ドーム何個分？」

文章を書いていると独善的な世界に入り込んでしまう傾向がある人は、意識的に数字を取り入れてみることをおすすめします。数字の持つ客観性や迫力は多くの人を納得させますし、独善的な印象が軽減できます。

例えば、①具体的な数字（売上高、建物の高さ、敷地面積など）、②ランキングや希少性（日本一、世界初、県に1店舗しかないなど）、③割合（前年比、目標比、利益率、業界内シェアなど）。**感覚的にイメージさせたい場合は、よく知られているものと比較する**のもよいでしょう。「東京ドーム○個分」などが代表例です。

もちろん、多くの数字を覚える必要はありません。日本と米国、中国など主要国の人口や面積、GDP、平均年収、平均寿命など、大まかな数字が頭に入っているだけでかなり説得力が増します。ビジネスパーソンなら同業他社の売り上げや利益は知っていてほしいものです。各事業の市場規模もインプットしておくべきでしょう。

13 受け手の想像力をかき立てる言葉で

必ずしも数字に置き換えられない感覚的な言葉を扱わなくてはならないときでも、できるかぎり「具体化」します。

実感を伴わせるのが難しい場合もあります。そんな時は、光景が浮かぶ言葉を数字から導き出すのも一つの手です。**具体的な数字の代わりに、受け手の想像力をかき立てる言葉で表現するのです。**状況が目に浮かぶようなフレーズに言い換え、「自分の身に起こったら、どうする?」と思わせることで説得力を高める手法です。

2020年で発売55周年を迎えたキッコーマン食品の「減塩しょうゆ」。塩分の摂取を控えたい層に受け入れられている商品です。20年春に通常の濃口しょうゆに比べて塩分を66％カットした「いつでも新鮮　超減塩しょうゆ　食塩分66％カット」を追加発売しました。同社の減塩しょうゆでは過去最高の食塩分カット率。「超減塩」というネーミングが、もっと減塩したい高齢者層にヒットしました。

同じ年の夏にヒットしたキリンビールの「麒麟特製レモンサワー」も特別感のあるネーミングで、家飲み需要を取り込みました。古い話で恐縮ですが、日本マクドナルドがバブル崩壊後に展開した「半額バーガー」も同様の事例です。

第4章

ロジックとは「流れ」が自然なこと

1 ファクトの活用に必要なスキル

ファクトは、簡単に言うと「なぜ？」という問いに対する「答え」のようなものです。ファクトの活用に関しては、①ファクトを集める、②ファクトを読み解く、③ファクトで判断する、④ファクトで主張する、という能力が求められます。

「ファクトを集める」というのは、事実に基づく思考の前段階として、まずは必要となる材料を揃えるスキルです。

「ファクトを読み解く」とは、そのファクトの、課題に対する意味合いを発見するための考え方です。

「ファクトで判断する」とは、良い情報なのか悪い情報なのかを考えて決めるためのスキルです。

「ファクトで主張する」とは、何か主張を通すときに、ファクトを的確に使いこなすことで、その説得力を高めるスキルです。

2 論理的とは「わかる」ということ

一方、「論理的」とは「わかる」ということです。

その文章は、最初から最後まできちんとつながっているか。「わかる」文章を書くためには、「過不足のない」文章を心がけることです。つまり、**「なるべくシンプルに言えないか」を考える**のです。

料理が苦手な人ほど、レシピを見ずにいきなり「アレンジ」してしまいがちです。ベーシックなカレーすらできないのに「カレーにコーヒーの粉を入れるとうまいって聞いたから入れてみよう」みたいなことばかりやってしまう。これではおいしいカレーができないのと同じで、伝わる文章は書けません。

論理的な文章を書く訓練で最もいいのは、他人に読んでもらうことです。

会話から文章を起こしていくのも、流れがスムーズな点でわかりやすい文章を生み出す簡単な方法です。

3 直感や感情に訴えかけることも重要だが……

経営コンサルタントが得意とするプレゼンテーションは、数字やロジックなど〝左脳的要素〟に偏りすぎているとの批判もあります。

ですが、プレゼンやビジネス文章は基本的にはロジカルなものであるべきです。もちろん、時として理屈だけでなく、笑いや温かさで感情を揺さぶったり、共感を呼び起こしたりすることが有効な場合もあるでしょう。

エモーショナルに共感を呼ぶことは否定しません。

しかし、**まずはファクト、数字、論理（ロジック）がそろった文章を目指すべき**です。それができた段階で、読者の感性に訴え、さらに共感を生んでいく技法を加えていけばよいのです。

本書では、まずは読者に「納得感」を持ってもらうための技術を優先しています。

4 スムーズな流れの「雲・雨・傘」理論

外資系コンサルタントの世界では、論理的な話の組み立てを「雲・雨・傘」理論と呼んでいるそうです。「雲が垂れ込めてきた」という事実に対して、「雨が降りそうだ」という解釈があり、それに対して「傘を用意しよう」という行動が論理的に導き出されるというものです。「雲・雨・傘」の理論は因果関係を表しています。「○○だから□□であり、□□だから△△である」という筋道を立てた情報の伝え方です。


「雲・雨・傘」の基本的な構造は、「前提」「推論」「結論」です。

前提とは、一般的な法則や具体的な事実を指します。

推論とは、前提から結論に導くための理由付けです。前提と結論をつなぐ役割があり、ここがロジックの肝になります。

結論は、その人の最も主張したいことであり、読み手にアクションを起こさせる要素です。

「雲・雨・傘」理論

事実　雲が垂れ込めてきた

▼

解釈　雨が降りそうだ

▼

行動　傘を用意しよう

次の例はあまりにも有名です。

前提＝人間はみな死ぬ。
推論＝ソクラテスは人間である。
結論＝ソクラテスは死ぬ。

この例では、前提である「人間はみな死ぬ」は普遍的なルールです。推論では「ソクラテスは人間である」という個別の例を当てはめて結論につなげています。これは「演繹的推論」と呼ばれ、「三段論法」ともいわれます。ロジックの中で、最も基本となる考え方です。**前提が正しく推論も正しければ、正しい結論が導き出されます。**

一方で、「○○の原因（結果）には□□や■■などがあり、□□の原因（結果）には△△と▲▲がある」といった、漏れと重複がないように情報を伝える方法があります。いくつかの個別事象を積み上げ、そこから一般法則、無理なく言えそうな結論を導くものです。

次のような例があてはまります。

前提①＝私が初めて見たハクチョウは白かった。
前提②＝きのう見たハクチョウの群は白かった。
結　論＝今、目の前にいる白い鳥はハクチョウである。

この場合、**ファクトとデータが多いほど結論の正確性が高まります。**私が見てきたハクチョウが1羽よりも10羽、さらには100羽の方が正確性は高くなります。つまり、結論は100%確実ではないということです。

通常は、ある程度の確率でその結論が正しければ、それを使うことに問題はありません。ただ、少数の事実から一般化すると結論を誤ってしまう場合があることを頭の片隅に置いておくべきでしょう。Aさん・21歳独身女性、Bさん・28歳独身女性、Cさん・24歳独身女性が、「この商品を買いたい」と言っている場合、「20代独身女性はこの商品を買いたい」との結論を導き出してもよいでしょう。とはいえ、「女性全体」「（男女問わず）20代」がこの商品を買いたいと考えているとも言えます。

ハクチョウの例と20代独身女性の例は、先に説明した演繹的推論に対して、「帰納的推論」

と呼びます。二つを組み合わせると、情報を論理的かつ効率よく伝えることができます。

5 モレなく、ダブリなく

漏れや重複がないかをチェックする「MECE（ミーシー）」という手法があります。M＝Mutually（互いに）、E＝Exclusive（重複せずに）、C＝Collectively（全体的に）、E＝Exhaustive（漏れがないように）の略で、「モレなく、ダブりなく」考える概念です。

「ダブリはないがモレあり」だとすべてを検証できずに、今まで気づかなかった新しい発想や答えを逃してしまう原因になります。

「モレはないがダブリあり」では効率を阻害し、時間内に最善の答えにたどり着けませんし、能力や時間の配分も非合理になってしまいます。

「モレあり、ダブリあり」は問題外ですが、思いつくままにアイデアを出していく場合は、よく「モレあり、ダブリあり」の状態になります。

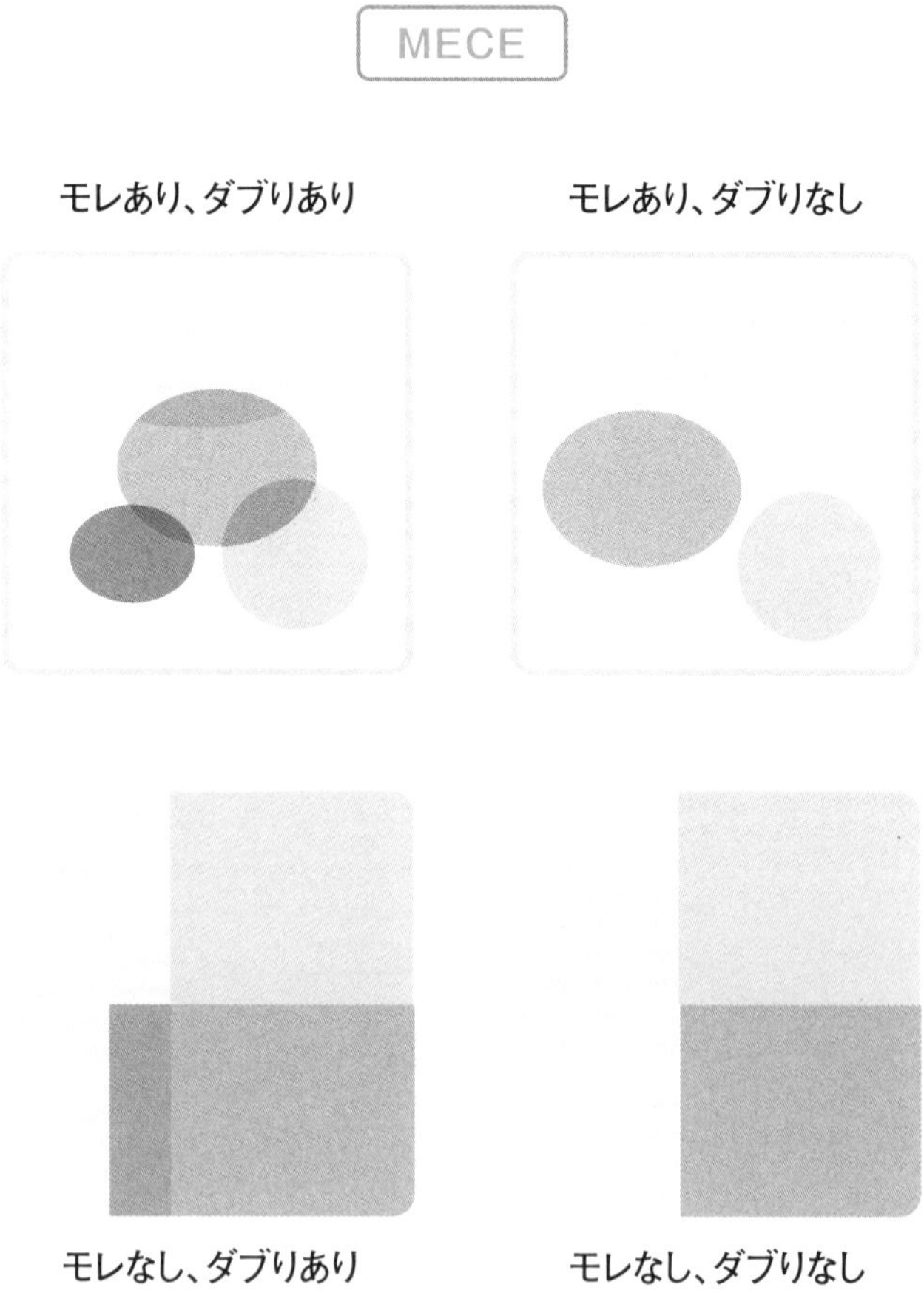
MECE
モレあり、ダブりあり
モレあり、ダブりなし
モレなし、ダブりあり
モレなし、ダブりなし

文章を書く際も、今まで発想が及ばなかった、漏れている部分を網羅的に考えることはとても重要です。重複したところばかりを考えていても発想は広がりません。「モレなく、ダブりなく」、全体的な視野が大切になります。

6 定性的なファクトを数字に置き換える

ファクトにはできるだけ数字がなければならないとお伝えしてきました。

ファクトには「定量的ファクト」と「定性的ファクト」の2つがあります。

売り上げ実績や顧客アンケート、競合商品の売り上げ情報などの数字は定量的ファクトです。これに対して、グループインタビューや面談調査は定性的なファクトです。この**定性的なファクトを定量的なファクトに変換できると納得感が高まります。**


例えば、絵画や映画などの芸術は社会において非常に重要なものです。それが、デジタル時代にあって評価や楽しみ方が急速に変化しています。かつては芸術といえば定性的に評価されましたが、今はいくら投資されたのかと、定量的に評価される面もあります。「制作費50億円の超大作」といったハリウッド映画の広告を目にしたことがあるでしょう。
その是非はともかく、デジタル時代にはどれだけ「いいね」がついたかによっても作品の価値が決まるようになりつつあります。

7 「数字」「ファクト」「ロジック」は年齢や性別、国籍の違いを超える

「数字」「ファクト」「ロジック」は、年齢や性別、国籍の違いを超えて、誰もが納得しやすい論拠です。

社内外に向けて報告書を書く際も、「雲・雨・傘」は問題の概要を把握し、整理するのに役立ちます。思考を進める際には、問い（論点）と答え（結論）が対応しているかを、すぐに確認することもできます。ですから、プレゼンなど人に説明する際にも「雲→雨→傘」の順に話の流れをもっていくと、理解してもらいやすくなるはずです。

お互いの意見を尊重するためには、自分の意見を相手にわかってもらうロジックとアウトプット力が必要です。見たことや学んだことを自分なりに解釈し、付加価値を付けて表現する力がアウトプット力です。

目の前に起こっている事実、過去にあった事実を的確にとらえ、その上で論理的にメッセージを展開する。

ビジネスにおいて正しい意思決定を促すには、この**ファクトとロジックの合致**は欠かせません。

同じことが分析にもいえます。結果につながる分析は、ファクトとロジックが合致しており、〝腹落ち感〟を生みます。逆に、ファクトとロジックが合致していない分析は、どれだけ時間をかけようとも、結果につなげることは難しい。

ファクトだけを個別に理解しても、それらの間のつながり（ロジック）がなければ、重大な抜け漏れや見逃しが発生し、誤った結論を導いてしまいかねません。

8 データ分析について、知っておきたいこと

一方、ロジックだけで分析した場合は、推測ばかりとなってしまい、世間離れした突拍子もない結論を導いてしまうでしょう。

ただ、ロジックを知らなければ建設的な議論はできません。結論に至る筋道を明らかにすることで、初めて手順や手段が適切であるかを議論できます。話が噛み合わないのは、手順や手段が示されないことに起因する場合が多いのです。

「今あるデータから目的に沿って分析する」と、「目的に沿って、明らかにしたいことのために必要なデータを集めて分析する」は、似ているようで実は大きく違います。

必要なデータの中で、今どのデータが手元にないかというのは、目的から手段に落とし込まない限りわかりません。前者のように**「今あるデータ」を起点にした分析では、「何のデータが足りないのか」ということに考えが及ばない**のです。

日本企業でビッグデータ分析に成功している事例が少ないのは、仮説をきちんと設定できないことに加え、このデータ分析は何のためのものなのかといった「目的起点」ではないケースが多いからです。

データサイエンティストを採用したり、社外に人材を求めたりして、データ分析を任せている組織も珍しくありません。しかし一方で、「ある目的に対して何がわかったらよいのか」についでは、実際のところビジネスを率いるリーダーにしか言語化できない場合があります。

作業服からカジュアル衣料分野に進出して成功したワークマンは、社長以下本部社員の全員がエクセル（Excel）を駆使してデータ分析しています。当事者が目的意識を持ってデータ分析すれば、企業が大きく成長できるという好例です。

第5章

「伝わる文章」のために

1 目標は中学生でもわかる文章

さて、ここまでで文章の「型」はつかめましたか？

「はい」という答えを期待して、本書の最大のテーマである「伝わる文章」に移りましょう。

まず、**読み手に「前提知識」がどれくらいあるか**という問題があります。新聞社に入社して初めに言われたことは、「中学生でもわかる文章を書け」ということでした。伝えたい相手にどれくらい知識があるのか、何がわかっていて、何をわかっていないのか……そこを先回りして想像した上で文章を書くことが大切です。

ＳＮＳなどを使って多くの人に文章を届けたいのであれば、多くの人の前提知識に合うような書き方をする必要があります。Ｆ１層（20～34歳の女性）に向けた文章で老後の話題を振っても難しい。つまり、**読み手の立場に立ち、「書きたいこと」と「読みたいこと」を擦り合わせる作業**が「伝わる文章を書く」ということです。

次の文章を読んでみてください。

高松の男性の16％が毎日うどんを食べている――。高松商工会議所が高松市の協力を得て行った「うどん製造販売業に対する消費者動向調査」で、〝うどん王国〟の消費者のうどんへの強いこだわりが改めて浮き彫りになった。調査は同商議所の小規模事業経営改善普及事業の一環で、管内の一般消費者530人が対象。

調査結果によると、うどんを食べる頻度は、男性では「週2、3回」が36・0％、「週4、5回」が14・2％、「ほとんど毎日」が16・3％。これに対し、女性や香川県外出身者は「週1回」が、それぞれ25・6％、22・8％と最も多く、「ほとんど毎日食べる」人は約10％に過ぎない。

うどんの好みは男女とも「かけ」「釜（かま）上げ」「ざる」が、いずれも30％前後を占めている。年齢的には若い層や県外出身者は比較的「かけ」を好む人が多く、高齢になるほど「釜上げ」を好む人が多くなっている。

また、うどん店を選ぶ時に重視する点については、大半の男女がめんとだし汁を挙げ、男性では価格、女性では清潔さを挙げる比率が高かった。

（1991年3月2日付『日本経済新聞』四国経済面）

これは、私が入社2年目に入る直前、1991年3月に赴任した四国の高松支局で最初に書いた記事です。「〝うどん王国〟高松、男性の16％「毎日食べる」――商議所が消費者調査」という見出しの小囲み（紙面の真ん中に小さく囲んだスタイルの記事）。

もう赤面モノ、穴があったら入りたい、恥ずかしいダメな記事の典型です。

高松商工会議所が発表したニュースリリースに基づいた記事。最大のミスは、新聞記事の原則である「逆三角形」構造になっていない点です。読者に伝えたい要素、読者が知りたい要素が、前の方に書かれていません。加えて調査時期がわからない。つまり、5W1Hの「When」が入っていません。一文目のインパクトが弱いのも難点です。

私も入社当初は単純なミスを犯していたわけです。

当時のニュースリリースを読み直すことはできませんが、記事に書かれた情報だけでいま書き直してみると、次のようになります。

男性の3人に1人は週4回以上うどんを食べている――。高松商工会議所（高松

市）が★月に実施した調査で〝うどん王国〟の消費実態が浮き彫りになった。毎日食べている男性は16・3％。男女とも「かけ」「釜（かま）上げ」「ざる」を好むこともわかった。

調査結果によると、うどんを食べる頻度は、男性では「週2、3回」が36・0％で最も多く、「週4、5回」（14・2％）、「ほとんど毎日」（16・3％）が続いた。女性や香川県外出身者は「週1回」の回答が最も多かったが、それでも約10％の人が毎日食べている。

うどんの好みは男女とも「かけ」「釜上げ」「ざる」が、いずれも30％前後を占めている。年齢的には若い層や県外出身者は比較的「かけ」を好む人が多く、高齢になるほど「釜上げ」を好む人が増える。

うどん店を選ぶ時に重視する点については、大半の男女がめんとだし汁を挙げ、男性では価格、女性では清潔さを挙げる比率が高かった。

「うどん製造販売業に対する消費者動向調査」は、同商議所の小規模事業経営改善普及事業の一環。一般消費者530人が回答した。

どうでしょう。初めの文章は一文目のインパクトが弱いと思いませんでしたか。うどん王国といっても「毎日食べているのは16％しかいないの？」と。データを読んで、「3人に1人が週4回以上食べている」と変えて、インパクトを出す工夫をしました。

そして調査の時期を入れるとともに、ファクトとして毎日食べている人の数字、消費者が好む食べ方を紹介しました。「うどん製造販売業に対する消費者動向調査」という名称は、この場合、読者にとって重要ではないので最後に置きました。

2 読み手に納得してもらうテクニックのおさらい

「人を納得させること」が必要な文章で重要なのは、読み手に「確かにその通りだ」と思ってもらうことです。最初に「納得できない」と思われてしまうと、以降のすべての文章に疑問・不満が残ります。読み手を説得したり、納得してもらったりするにはテクニックが必要です。

ここで、これまでお話ししてきたポイントをざっくりとおさらいしてみましょう。

❶ 主張の後に理由をもってくる
❷ 理由は具体的なファクトで納得できるものに

❸ 実際にあったファクトを理由にする
❹ 短く端的に書く
❺ 理由に明確な数字を使う
❻ 理由に曖昧な形容詞、副詞は使わない
❼ ロジカルとは流れがスムーズなこと

❹と❼を除けば、残りはすべて「理由」に関するものです。
読み手を説得し、納得させ、「あの人の言うことは間違いない」と言わせるためには、「なぜ自分がそのように主張するのか」の根拠となる理由、言い換えればファクトが重要になってくるのです。

理由を入れるのは、人の納得感を高めるための基礎的なテクニックです。しかし、理由があればそれだけで人を納得させられるわけではありません。
実は、**理由の良し悪しが人の納得感に影響する**のです。つまり、理由の使い方についても理解しておかなければなりません。

3 相手の「メリット」か「デメリットの回避」を絡める

読み手を説得するためには、相手の「メリット」か「デメリットの回避」を絡めるのが有効です。人は、自分の利益になるならば、説得されることが多いからです。

例えば、「今回の買収案件は、ベトナム市場に橋頭堡を築くことにつながります」は「メリット」を、「M&A戦略を急がなければ、ライバル社のシェア拡大を許しかねません」は「デメリットの回避」を絡めた文例です。

最近注目されている行動経済学の代表的な理論に「プロスペクト理論」があります。人間は「利益による満足」よりも、「損失による苦痛」を1・5倍から2・5倍大きく感じるそうです。同じ条件であれば、人間は利益を上げることより損失を回避することを優先するのです（損失回避性）。そうであれば、**「デメリットの回避」は文章による説得にも有効**と考えられます。

これ以外にも、「人は一人の意見よりも大人数の意見に説得されやすい」「素人の意見よりも専門家の意見を受け入れやすい」などを利用すると説得しやすくなります。これを「ハロー効果（後光効果）」と呼びます。

4 読者が求めているのは「ドリルではなく穴」

相手が求めているモノやコトをしっかり理解する姿勢も大切です。

マーケティングの世界で有名な話があります。ハーバード大学のT・レビット教授が論文「マーケティング近視眼」（1960年）で取り上げた「工具店でドリルを買っている人は何を買っているのか」という命題です。

もちろん、レジでお金を払っているのはドリルの代金です。しかし、その買い物客が本当に求めているのは、ドリルを使ってあける、ネジを入れる「穴」のはずです。つまり、その**商品（ドリル）から得られるベネフィット（便益）**であり、商品が与えてくれる価値です。

化粧品メーカーは化粧品ではなく「ときめき」を売り、映画配給会社は「感動」を売っているのです。

書き手としては、例えば新商品のプレスリリースでは、機能や性能、サイズ、色、競合商品と比較した優位性、背景となった技術――などの情報を盛り込みます。繰り返しますが、読み手が知りたいのは、新製品を使って得られる便利さや、持つことの満足感や優越感といったベネフィットのはずです。21ページでも触れたように、**読み手と書き手のギャップを埋める作業こそが「良い文章」を書くことにつながります。**

5 読み手を想定する

文章を書く際には、読み手は誰なのか、**読み手は何を求めているのかを想像する**ことが欠かせません。読み手に合わせて書くことで、「伝わる」「説得力が増す」「納得感が高い」文章になります。

ビジネスの世界でも、ターゲットになる顧客を設定し、その顧客に合わせた商品やサービスを開発しようとしています。そうした商品開発は企業にとって生命線です。

しかし、消費者の嗜好やライフスタイルが多様化し、消費動向が読みづらくなっています。マーケティングの世界では、従来の年齢や地域で区切った顧客分類をターゲットにする方法には限界が来ているともささやかれています。

そこで注目を集めたのが、様々なデータや実際の消費者の声を基に、企業が自ら対象となる顧客像を作り上げる「架空の顧客像（ペルソナ）」です。日本での代表例は、大和ハウス工業が２００２年に発売した住宅「EDDI's House」の取り組みがあります。

そろそろ住宅を購入しようと考えている、東京・足立区で賃貸マンションに住む会社員の「田崎雄一」さん（33）一家をペルソナに設定。「シンプルモダンとナチュラルを兼ね備えたデザイン」と「家族の気配が感じられる開放的な空間」を両立する住空間をコンセプトに開発したところ、人気商品が誕生しました。この発想は、後継商品にも引き継がれています。

「ペルソナ」はもともと米国の産業デザインやソフトウエアの業界で広まり、１９９０年代にマーケティングの世界に入ってきました。市場シェアの拡大を目指すマスマーケティングに対し、顧客を囲い込んで「顧客シェア」を最大化するワン・ツー・ワンマーケティングが重視されるに伴い、注目されるようになりました。

具体的につくり込んだ顧客像を想定すると、消費者理解が深まり、実際の顧客ニーズを踏まえた商品・サービスの開発や改良につながるといいます。いわば平均的で八方美人な製品開発や販売促進から脱しようとする試みです。

小売業やサービス業では、ＰＯＳ（販売時点情報管理）や会員カードの普及で購買履歴や顧客属性などのデータ蓄積が進んできました。

しかし、これらは過去の動向を分析するのを容易にしましたが、将来の購買動向を予測するのは難しい。「誰が、何を買ったのか」は分かっても、「なぜ買うのか」「これから何を買うのか」ははっきりしなかったわけです。

「経済（消費）は心理学」とよく言われますが、ライフスタイルや価値観といった消費者の心理学的要素を補う手法がペルソナマーケティングといえます。

ペルソナがすべての商品開発や販促に有効かを疑問視する声もあるのは確かです。裏付けとなるデータを詳細に検討しつつペルソナを設定することが大切。設定後も市場の動きや商品のライフサイクルに合わせて構成要素を柔軟に修正していくメンテナンスも必要になります。

とはいえ、マスのヒットが難しい時代にあって、ニッチ（すき間）のヒットをマスに広げていく試みが欠かせない現在、ペルソナは今後も商品開発の場で有効性を発揮するでしょう。

文章を書くときもペルソナを意識したいものです。

特に企画書や提案書、稟議書、報告書は、読み手が誰なのかを想定しやすいものです。読み手がどんな人で、何が専門で、何が弱いのかなどを探り、その人に合わせた内容や形式を考えましょう。

読み手に寄り添うことが、伝わる文章の「心得」なのです。

6 中学生でもわかる数字を使う

数字についての2つ目のポイントは、中学生でもわかる数字を使うことです。特にビジネスの勝負どころでは、数字のわかりやすさがものをいいます。

例えば、最近、書籍を紹介するＰＯＰ広告やサイトでは「アマゾン1位」、百貨店の物産展では「楽天市場3位」といったPRが目立ちます。また、「一日コーヒー1杯分の価格」や「5・8秒に1個売れてます」といった通信販売の言い換えも参考になります。

数字や数学が得意な人は、数字だけを羅列してしまう傾向があります。読み手はそれを読んでも「だから何？」としか思いません。むしろ、**数字を踏まえて何をするか**が重要なのです。ビジネスで数字を使う意味も同様です。「数字がこうだから、◯◯する必要がある」とか、「この数字が表しているようにすばらしい商品だから、買ってください」といったように、**読み手に行動を促す**ことにあるはずです。

7 コピーライティングに学ぶ

数字を使うのは広告宣伝業界のコピーライティングの王道です。これまで時代を変えた商品がたくさん登場してきました。ヒット商品のコピー（宣伝文句）には、ニュース性をストレートに表現したものが多くあります。

その代表が、2009年にキリンビールが発売したノンアルコールビール「キリンフリー」

です。キャッチコピーは「世界初、アルコール0・00%」。それまでのノンアルコールビールは微量なアルコール分が残っていましたから、これでノンアルコールビールの進化を伝えました。

ここで理解できることは、従来の常識を覆す商品が登場した時は、表現に凝るよりも事実をそのまま伝える。つまり、そこに**ニュース性のある数字が含まれるなら、その魅力をストレートに伝えましょう**ということです。

コロナ禍に伴う「巣ごもり消費」で、パスタがスーパーマーケットの店頭でよく売れました。ヒット商品の一つが、日清フーズの「マ・マー 早ゆでスパゲティ FineFast」シリーズの2／3サイズでした。長さを従来品の3分の2にして、一人前ごとの結束タイプにすることで簡便性をより強化したものです。サイズを短くし、早ゆでを一段と訴求したことが、生活スタイルやニーズの変化の中で支持を集めました。

8 「100人乗っても大丈夫！」

数字が見る人をハッとさせるのは、ニュース価値が高い時だけではありません。大きな数字には受け手の心を揺さぶる力があります。相手が「具体的には知らないけど、すごいね」と認識している事柄を、具体的な数値で表現すれば驚きが与えられます。

みんなが知っている事柄の中に潜む**「すごい数字」を見つけたら、タイトルなどの表現はできたも同然**です。ただし、大きな数字もそのままではピンとこない時があります。そんな時は、より身近な値に引きつけるために一手間かけることも大事です。

物置の頑丈さを「100人乗っても大丈夫！」と表現したイナバ物置（稲葉製作所）の広告が好例です。

まず「耐荷重6トン」を前面に出して頑丈さを伝えようとしたのが出発点。標準的な男性の体重（約60キログラム）で割って「100人」という数字を導き出したことが成功につながり

「イナバ物置」の「100人」誕生の流れ

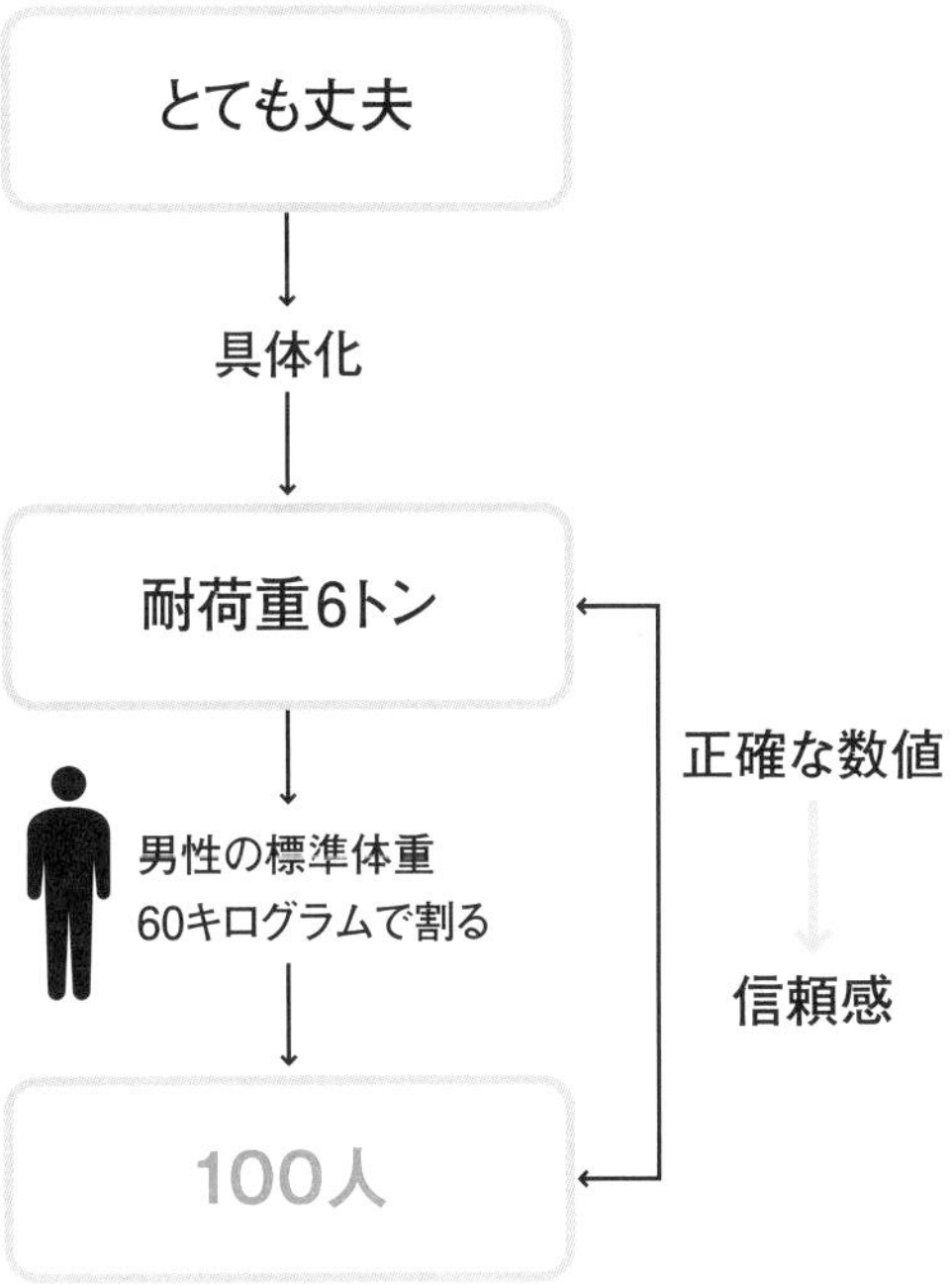

ました。

納得感の高い文章や企画書の作成にも、こうした数字の使い方が参考になります。数字は事実を示すだけで相手を説得できる、強力な武器です。

9 論理と「思い」の合わせ技

ファクトやデータを示しつつロジカルに伝えるのと同時に、自分たちの熱い思いを相手に訴えて納得させることも必要です。

相手を納得させる文章作成には「論理×思い」の合わせ技が効きます。

前提は「相手の立場で考える」ことです。

まずは、相手が抱える課題を発見し、自社商品やサービスで解消できる提案を考えます。その上で、解決案を採用したくなるような具体的なメリットと、その根拠となる実績を用意します。

これまで語ってきた「**論理的に伝えて頭で納得させる**」手法です。
これに、自分たちの思いを加えて「**感情的に伝えて心で納得させる**」のです。
では、「自社商品やサービスをアピールする」文章を考えてみましょう。

❶ 伝えたいことを一方的に書いた文

２０２１年10月１日、当社はスナック菓子の新商品「ダブルパンチ」を発売いたします。この商品の特長は、消費者庁から特定保健用食品（トクホ）の許可を受け、ポテトチップスに糖分と脂肪分の吸収を抑える機能を持たせたことです。想定店頭売価は２５０円。ぜひ一度お取り扱いをご検討ください。

❷ 課題を見つけて解決策を提案する文（❶の改善例）

コロナ禍の巣ごもり需要で、菓子カテゴリーは堅調な売れ行きを維持しています。ただ、ドラッグストアなどディスカウント業態の台頭で、価格競争が激しく、売り上げ並びに粗利の確保に課題を抱えていると拝察します。当社が２０２１年10月１日に発売する「ダブルパンチ」は貴社の課題解決にお役立ちできます。新商品はポテトチップス初の特定保健用食品（トクホ）で、想定売価が250円と、既存商品に比べ100円ほど高い設定になっているからです。**粗利も十分確保でき、売り場効率の改善につながります。**

企画書などに、自社商品・サービスの特長をいくつか列挙して書けば、顧客が自分たちのニーズに合った特長に注目してくれる場合もあります。

しかし、顧客自身の中でニーズが顕在化していないこともあります。事前の打ち合わせなどから課題を汲み取り、その課題の解決につながる特長をアピールすれば、顧客の心に響きやすくなります。

次に、「メリット＋証拠で理性に訴える」文章を考えてみましょう。

❶ 抽象的なメリットの例文

この商品を取り扱っていただくと、高い粗利が確保できます。

❷ 具体的なメリットと、それを裏付ける実績を書いた例文（❶の改善例）

この商品を取り扱っていただくと、坪当たりの粗利益率が0・5ポイント改善し、年間にして10万円の利益貢献が想定されます。すでに下記の企業様に実験・導入いただき、喜びの声を頂戴しております。

「この提案を受け入れれば、自社にどんな効果があるのか」を、数字を使って具体的にイメージさせます。さらに、実際にそのメリットを享受している企業事例を列挙するなど、事実や実績を書きます。それが裏付けとなり、説得力が増します。

では、いよいよ思いを伝える文章を考えてみましょう。

❶ この提案（商品）にどんな思い入れがあるかを考えた例文

多くのバイヤー様からのヒアリング、消費者様からのアンケートとグループインタビューで要望を集め、その声を商品に反映させました。消費者庁の許可まで3年をかけ、売り場貢献に加え、消費者様の健康に貢献できる商品が開発できたと自負しております。ぜひ貴社の戦略商品としてお取り扱いいただきたくお願い申し上げます。

❷ 改めてどのようなメリットを感じてもらいたいかを追加した例文

新商品は機能性成分を加えるとともに、製法を変更することで、血液中の中性脂肪と血糖値の上昇を緩やかにする効用があります。スナック菓子でありながら、トクホ商品として健康に気を遣いながら食べられる利点があります。

❸ どんな世の中をつくりたいのかを考えた例文

現在、肥満や生活習慣病に悩む方、あるいはその予備軍はかなりの数に上ります。私たちは新商品の提供を通じて、すべての人に健康的で豊かな食生活を実現していただきたいと考えております。

この商品にどんな思い入れがあるか。
この商品提案を受け入れることで相手にどうなってほしいか。
どんな世の中をつくっていきたいか（使命感）。

以上3つの要素を入れることで、相手の感情を揺さぶるのです。

特に最近はＳＤＧｓ（持続可能な開発目標）やサステナビリティが注目されており、３つ目の「使命感の訴求」は避けて通れません。

10 ベストな提案・企画書はＡ４判１枚

わかりやすく伝える要素は３つ。

１つ目がファクト、２つ目が数字、３つ目がロジックです。

ファクトとデータで読み手の疑問に答えていけば、自然な流れができます。自然な流れ、読み返しがない文章こそが論理的（ロジカル）だと言えます。

ファクトと数字、ロジックの３点がセットになれば「鬼に金棒」。あなたは一定のレベルを満たした文章や企画・提案書が書けるのです。

企画書や提案書は、できればＡ４判１枚でまとめましょう。簡潔かつ自分の思いが詰まった形になるのがベストです。新聞記事のテクニックである５Ｗ１Ｈの法則でつくるとよいでしょう。

企画書には、Ａ４判１枚に以下の要素を盛り込むことになります。

❶ タイトル
❷ 相手先の名前
❸ 自分の名前、連絡先
❹ 導入
❺ テーマ（What）
❻ 着想・背景（Why）
❼ 実施者（Who）
❽ 実施期間（When）
❾ 実施場所（Where）
❿ 実施方法（How）
⓫ 予算（How Much）
⓬ 結文

11 メールを書く3つの原則

「で、結局何が言いたいの？」

送られてきたメールを前に、そう思ったことはないでしょうか。

「あなたのメールを読むと、イラつきます」

こんな苦情を受けたことがある人は手を挙げてください。

要領を得ないメールは、本当にイラつくものです。

ですが、そんなメールを、あなたも送っていたとしたら……。

ビジネスの世界では、謝罪をしなければならない場面に多々遭遇します。会って話をしている時は、相手の表情で自分が失言したことに気づきますが、メールでは難しい。ビジネスでは、メールでの失言をわざわざ指摘してくる人はほとんどいません。相手にとって、そんな指摘は時間のムダ。メールのやりとりで不快に感じても、「この人は信用ならない」と、すっぱり縁を切るか、必要最低限の付き合いをすればよいからです。

そうならないためにも、メールの正しい作法を知っておく必要があります。敬語など、相手を気遣う〝言い回し〟も重要です。

これは、依頼なのか、報告なのか。文章の最後まで読まないと相手の目的がつかめないメールも意外に多いものです。

「利用できません」、「すべて一任しております」、「煮詰まったのでご相談させてください」といった、間違った表現を使う人も目立ちます（正しくは「ご利用いただけません」、「すべて」と「一任」が重複表現に、「煮詰まったので」ではなく「行き詰まったので」）。

メールを書く時には、3つの原則を意識しましょう。

まず、読み手が「理解しやすい」ように、**「一文に1つの要素だけ書く」**ということ。「～して、～になり、～もまた、～とともに……」。頭に浮かんだことをそのまま書いて、一文に2つ以上の内容を盛り込むと、「結局、何？」と読み手に思われてしまいかねません。

　そして、読み手の「不安」や「不満」を生まないために、**「結論」を先に書く。**これが2つ目です。

「単なる現状報告かと思ったら、最後の数行で緊急の確認メールだと気づいた」。こんなケースは少なくありません。特に「伝えづらい依頼メール」の場合、現状報告や言い訳から始まり、それが長くなってしまいがちです。

　3つ目は、**使い方をよくわかっていない敬語表現を乱発しない**、ということです。「その件は、当社の販売担当に伺っていただけるとよろしいかと存じます」。このように、なんとなく丁寧そうだからという理由で間違った敬語を乱発する人も多いです。この例文では、シンプルに「その件は、○○にお問い合わせいただけますか」でよいでしょう。

12 読みやすいメール

読みやすいメールの文章は、企画書や提案書よりさらにコンパクトに書くことが重要です。

具体的には6つのポイントがあります。1行は30文字以内を目安に短く区切り、3～5行ごとに空白行を入れると読みやすくなります。伝えたい項目が複数ある場合は箇条書きで書くのが鉄則。記号で強調したり、罫線で区切ったりするのもよいでしょう。文章内の漢字の割合を最小限にとどめる配慮も必要です。

読みやすいメール文章の6大ポイント

❶ 1行は30文字以内に
❷ 3～5行ごとに空白行を入れる
❸ 箇条書きでまとめる
❹ 記号や罫線を活用する
❺「漢字3：ひらがな7」で書く
❻ 全体の文章は40行以内、2画面分を目安に

そして、メールに盛り込む要素として、次の8つが欠かせません。件名（具体的なタイトル）、宛名、挨拶、名乗り、導入、用件、結び、署名。

特に大事なのは、用件の前に「目的」をハッキリ伝える導入部分です。この1文があるかないかで、メールの評価が大きく変わります。読み手をイライラさせないための必須項目と覚えておきましょう。

❶ 件名（具体的なタイトル）

受信者が見たときに、すぐに内容を理解できる件名をつける。単に「ご報告」よりは「11月7日の定例会のご報告」とした方がベター。日時やキーワードを具体的に書く。文字数の目安は20字以内とする。

❷ 宛名

相手の会社名、部署名、名前を正確に書く。特に会社名は「㈱」などと省略せずに、「株式会社○○」、名前もフルネームで書きたい。2つの敬称が重なる「○○部長様」は間違った表現でNG。複数の場合は「○○の皆様」「関係各位」などとする。

❸ 挨拶

「お世話になっております」が書き出しの基本パターン。時候の挨拶は長くなるので省きたい。

時候の挨拶を使うほど気を遣う相手なら、メールではなく手紙か電話で連絡しましょう。初めての場合は「はじめまして」「この度はお世話になります」のようなフレーズを使う。

❹ 名乗り

メールは顔を見て話す時と違い、自分が「どこの誰か」をハッキリ伝えることが重要。電話した直後であっても、会社名と名前はセットで書く。

❺ 導入

用件の前に目的をハッキリ伝える。メールの冒頭で読み手に「このメールは何のために書かれたものなのか」を伝えることが大切。「状況説明」は後にして、まず目的を伝える。

❻ 用件

1通のメールに一つの要件が原則。ダラダラと書かれた文章は読みづらく、理解しにくい。同じ内容でも「箇条書き」でスッキリまとめると、わかりやすくなる。

❼ 結び

メールの印象は「結び」で決まる。「ご対応のほど何卒よろしくお願い申し上げます」「今後とも何卒宜しくお願い申し上げます」などと相手を気遣いつつ、「○日16時までにご連絡ください」と返信を促す一言を入れる。

❽ 署名

読んだ相手が連絡したいとき、わざわざ名刺を探さなくてすむように、メールの署名は必須。個性で勝負する個人事業主は別として、〝軽いノリ〟の署名は避けた方がよい。

13 ひとつ上をいくメール術

ビジネスメールは正確に用件が伝わるのが一番の目的です。ですが、ちょっと工夫して**相手に評価されるメール文**を書きたい気持ちにもなります。内容が同じでも文面には書いた人のセンスが表れるからです。

前項の基本を身につけたら、ワンパターンな表現から少しバリエーションを持たせたいものです。そっけなく事務的な印象をぬぐうためです。お礼するなら「ありがとうございました」、主張するなら「と思います」の繰り返しでは、稚拙な印象にもなります。「ありがとうございました」は「感謝申し上げます」、「と思います」は「考えます」「存じます」なども交えれば、子どもっぽさも和らぎます。**意識して言葉や表現の幅を広げる**ようにしたいものです。

おかしな表現や敬語のミスは、当然避けたいところです。「ご覧になられる」などの二重敬語のほか、目につくのが「〜いただく」の連発と、「拝読いたしました」の後に「やっぱり○○じゃないかと思います」と続けるような、丁寧レベルの落差です。

相手を不快にさせているケースも見受けられます。例えば、お詫びのメールであるにもかかわらず、署名に派手な罫線や顔文字の使用がそのままだったりします。「キャンペーンのお知らせ♪」などの自社広告も削除したいところです。いくら「申し訳ありません」と文字を連ねて謝罪しても、すぐ下に軽い調子の広告文があれば、反省する気があるのかと真意を疑われかねません。

第6章

データの集め方と使い方

1　データの見つけ方

これまで、ファクトと数字、ロジックが、「伝わる」文章やプレゼンテーションに欠かせない3要素とお伝えしてきました。この章ではまず、具体的な練習問題を通じてデータの当たり方を身につけていきましょう。

問題

高齢者の定義は65歳以上です。高齢化が指摘される日本ですが、日本人の平均年齢はいくつでしょうか？

ヒント：国立社会保障・人口問題研究所「人口統計資料集」
http://websv.ipss.go.jp/syoushika/tohkei/Popular/2021.asp?chap=0

国立社会保障・人口問題研究所の推計によると、日本人の平均年齢は47・4歳（2019

年）、世界でも老いた国です。１９６０年は29・1歳でした。アメリカと中国の平均年齢はそれぞれ39・4歳、36・5歳と、より若い世代が中心です。日本は30年後の50年には65歳以上の高齢者が4割になると推定されています。

問題
所得の二極化が言われています。日本人の平均所得はいくらですか？

ヒント：厚生労働省「国民生活基礎調査」
https://www.mhlw.go.jp/toukei/saikin/hw/k-tyosa/k-tyosa19/dl/03.pdf

厚生労働省がまとめた２０１９年の国民生活基礎調査によると、18年の1世帯当たり平均所得は前年から０・１％増えて５５２万３０００円でした。前年のマイナスからプラスに転じたものの、「官製春闘」と呼ばれた16年の水準（５６０万２０００円）を下回っています。一方、平均ではなく中央値は４３７万円。平均所得より低い世帯が6割いることになります。

問題
宇都宮と浜松の「餃子日本一」レースに割り込んできた都市はどこでしょう？

ヒント：総務省統計局「家計調査」
https://www.stat.go.jp/data/kakei/2.html

総務省が発表した2020年の家計調査によると、1世帯（2人以上）当たりのギョーザ購入額で浜松市がライバルの宇都宮市を抑えて2年ぶりに日本一になりました。浜松市は19年から261円増の3765円。19年に日本一だった宇都宮市は664円減の3694円となり、2位に後退しました。浜松市と宇都宮市の差額は71円。3位は3669円の宮崎市。2強が長年繰り返してきた首位争いに宮崎市が食い込んできています。

家計調査は全国約9000世帯を選んで、毎月の買い物やサービス料金の支払いを細かく記録してもらっています。記録は約550品目に分類されており、ギョーザの購入額を都市（都道府県庁所在地と政令市）別に比較できます。詳しい手順は第7章で紹介します。

2 仮説を立てることで新しい発見も

予測や仮説を持ってデータを読み取ると意外な現実に気づき、新しい発見もあります。一方で、先入観や臆測が先行するとデータを見誤る場合もあります。

データ分析は、分析者の裁量に左右される部分が少なくありません。ですから、データの使い方や分析の考え方次第で違った結果が出てしまう場合があります。**仮説→検証を繰り返しつつ、できるだけ主観を排除し、客観的な目でデータに表れた事実を読み取る**ことが大切です。**データを読み取りながら、そこからわかること、気づいたことを書き出しておく**とよいでしょう。

データを読み取ったら、ビジネス上の課題や提案の方向性に合わせて結果を分析します。

複数のデータを分析する必要がある場合は、一つ一つのデータを読み取るだけでなく、それぞれのデータを対応させながら総合的に読み取る習慣を身につけたいものです。

もちろん、読み取った事実を分析するだけでなく、自分の「考え」や「意見」を導き出すことが必要です。特に**目立った傾向や気になった点を押さえておくと、あとで自分の主張の根拠として使えます。**

数字で考えようとした時にファクトとなるデータがあれば、それを分析すればよいのですが、ファクトがなかったら仮説を立てるしかありません。

これは、ビジネスの世界で仮説思考としてよく取り上げられる「ＰＤＣＡ」で使われます。それによって導き出された結果はファクトであり、仮説を立てて原因を探ることも場合によっては必要です。

仮説思考で重要なのは、現場に足を運んで一次情報を集めることです。セールスパーソンなら販売店を回って話を聞きます。できれば顧客と話し、マーケティング・販促部門の担当者と話し、商品開発部門の担当者と話す。大切なのは、顧客に近いところでイメージ材料を頭に放り込むことです。

こうして一次情報を収集しながら、何度もイメージを想起して問題の原因を考える。問題原因の仮説を立てたら原点に戻り、大きな論点である「なぜ売上不振なのか？」という課題を因数分解してみます。自らにＷｈｙ（なぜ？）を問い続ける。そして仮説を論理的にチェックして、必要ならば「仮説設定→論理的にチェック」のサイクルを繰り返す。これで「確からしい仮説」が設定できます。そして、これらの仮説を数字、事実、現場情報で検証していく。反証されたら、最初の仮説設定作業に戻っていく。これがＰＤＣＡを回すということになります。

仮説のPDCAサイクル

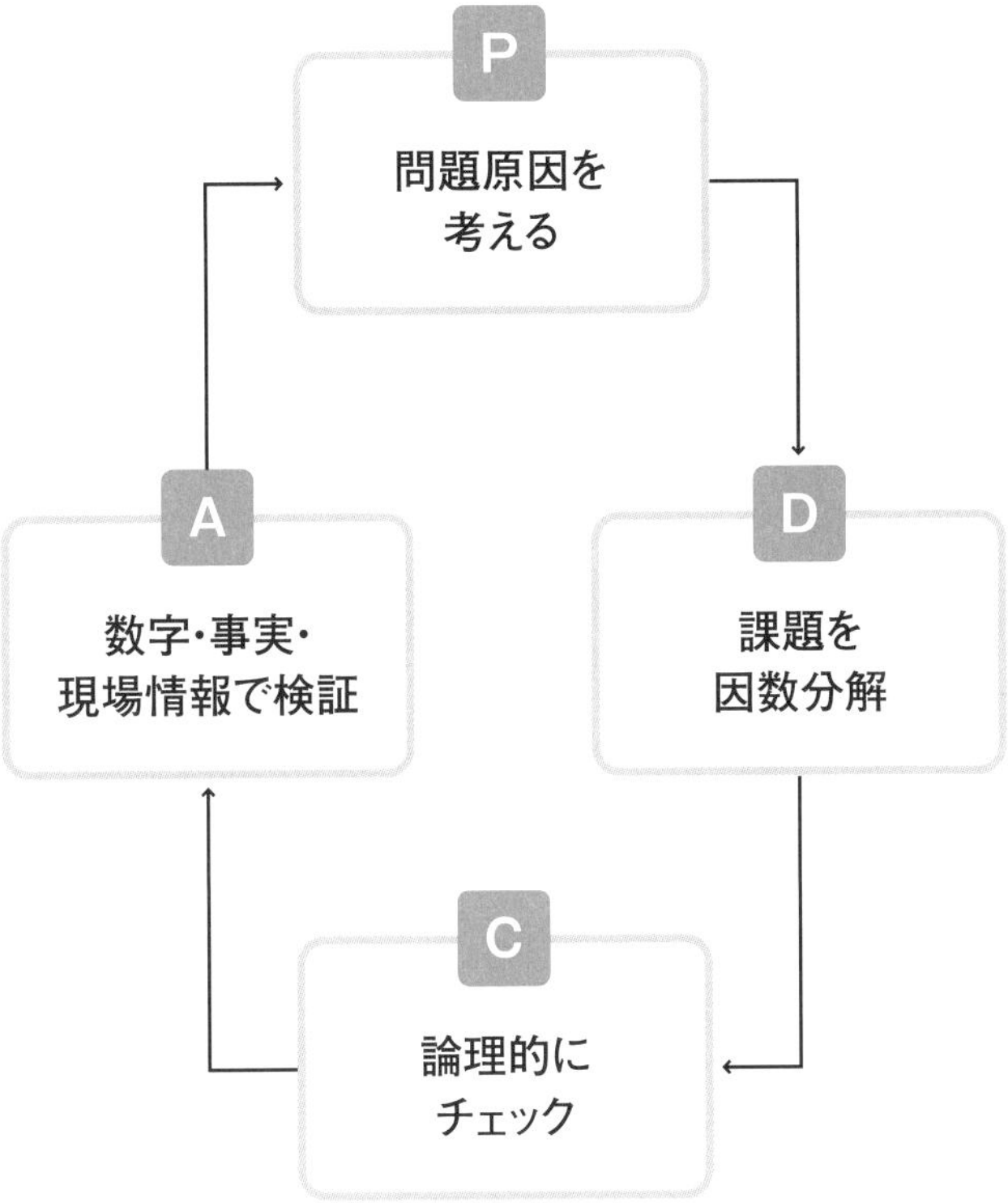

3 最低限の知識を持つ習慣を

まったく知識のない状態では、データの分析は難しいでしょう。日ごろから新聞などを通じて最低限の知識を持っておくことが大切です。

データの背景にある問題を深く理解していると、データが的確に読み取れ、それを活用して説得力のある文章が書けます。

「業界バカ」とか「視野狭窄」という言葉がありますが、幅広く世の中をみることで、変化が激しく、業種の垣根がなくなるボーダーレスの時代への対応が可能になります。

手前味噌ですが、おすすめは**新聞を読む習慣をつける**ことです。朝刊の文字数はおよそ20万字。新書2冊分もの情報量が詰まっています。毎日、新書を2冊読むのは、いくら本好きでも難しいでしょう。でも、新聞に書かれた大量の情報に触れることは、ビジネスにおいて大きな力となるはずです。

文章に「型」があるように、新聞にも読み方があります。

時間のかけ方で3つ。

まず1~3分の短い時間で全ページを読む。見出しと写真だけ追いかけます。見出しは記事の内容を要約し、端的に結論を示しています。

もう少し時間があれば、関心のある記事を探します。まずは見出しとリード文から。

3つめの読み方は「知らない情報の記事」を探すことです。新聞は限られた紙面に様々な情報を厳選して載せています。その「一覧性」が新聞の特徴です。その中から、家族や友人、同僚に「面白い」「これって、どうなの?」と知らせたり、意見を聞いたりするネタ探しをするのです。

新聞は個人に届くメディアであると同時に、それを基に話し合えるコミュニケーションツールでもあります。インプットした情報を、人に話してアウトプットすることで理解が深まったり、自分なりの意見が整理できたりするメリットもあります。

4 信頼されるためのファクト活用

ビジネスの世界は〝説得〟の連続です。そのときに**重要なのは、感情を表に出した熱意や話し方ではなく、ファクトに基づいた覆しようのないロジック（論理）**です。そのために必要なのが、数字で考え、数字で説明する姿勢です。

企画書や提案書、あるいはプレゼンの目的は「人を動かす」ことです。説得力や納得感のあるロジックをどう展開するかがカギとなります。

ファクトを中心に考えるメリットは「信頼される」ということです。

数字で考えるとは、数学や算数ができることではありません。数字ベースで考えるために、しっかりとファクト（客観的事実）を捉え、そこから考えるのです。

ファクトから考えられる人は、自然と信頼度が上がり、間違いなく成果や評価に直結します。

5 ロジックとは「数式」、ファクトとは「数字」

数字から正しいロジックを組み立て、ファクトをベースに考えたり伝えたりする力が求められていることはおわかりでしょう。

問題解決にあたり、正しい答えを出すためには、ロジックとファクトの両方に基づいて考える必要があります。

数学でいえば、ロジックとは「数式」、ファクトとは「数字」にあたります。その双方が正しくなければ正しい答えは出ません。ロジックとファクトとは、いわば車の両輪のような関係なのです。

6 ファクトなのかオピニオンなのか

ただ、「データ＝ファクト」だと鵜呑みにするのは危険です。データの中にはファクト（客観的事実）ではなくオピニオン（意見）を収集している場合が往々にしてあるからです。

例えば、法人営業（ＢｔｏＢマーケティング）において、見込み顧客リストが１００件あったとします。１００件存在するのは事実ですが、とりあえずすべてをリストアップした１００件か、すでに取引があったり、顧客になり得なかったりする会社を除いた上での１００件かによって、意味合いは変わります。**言葉を定義できていない中で数えられた数字は、正確にはファクトと言えない**ものになってしまうのです。

まずは、**オピニオンとファクトをきちんと区別する**こと。そして、**オピニオンの部分をいかにファクトで裏付けしていけるか**どうか。これが、データを正しく理解し活用していく上で非常に重要だといえます。

ファクトとオピニオンの違い

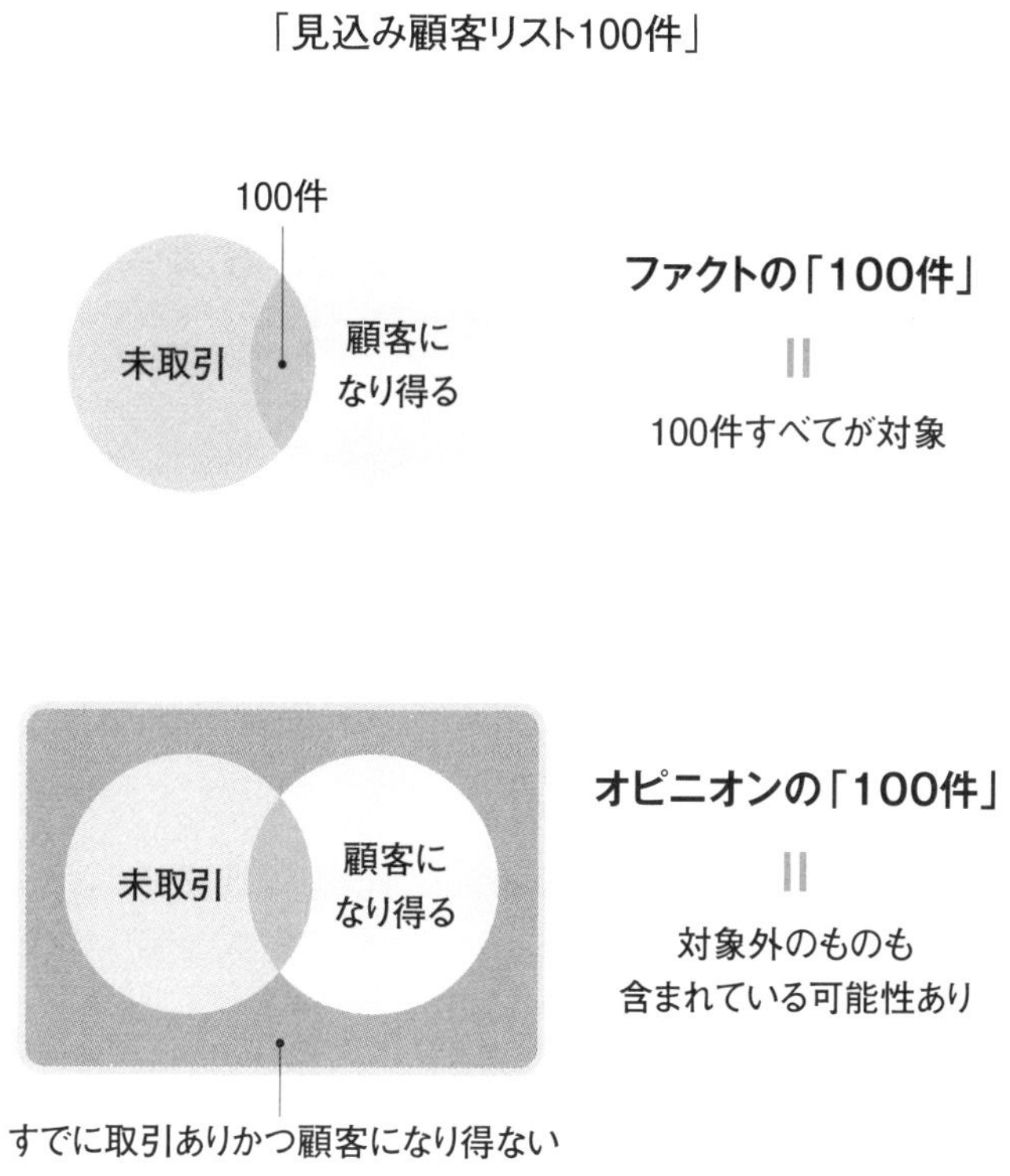

7 データは裏付け

そもそも何のためにデータ（数字）を使うのかを考えることも重要です。

何をやるにしても、データそのものがメインになることはそれほどありません。データはあくまで裏付けだからです。

今、「データが必要だといわれているからデータを使っている」人は多いはずです。本書でも数字が重要と言っているので、データさえ入れればよいと考えている人もいるでしょう。ですが現状は、データを分析する人の多くがデータの海に溺れている。いわば目的もなく泳いでいる状況に陥っています。

データをただ集め、ただ眺めただけでイノベーションが起こせるなら苦労しません。何よりも先に、達成すべきビジネス上の目的があって、その**目的に沿ってデータは取捨選択されるべき**です。

8 言葉ではなく数字で理解する

言葉は時にウソをつきますが、数字はウソをつきません。

データは数値の大きさをそのまま示す「絶対値」で管理されていることが多いようです。例えば、月別の売上高。今月は６００万円の売り上げがあった、前月に比べると50万円多かった、などとなっていますが、季節要因などを加味しないとミスリードする可能性があります。前年同月比ではどうだったのか、あるいは5年前と比べたらどうだったのか。少し手を加えれば、データの価値はより高まります。

特にコロナ禍を経験した２０２０年の売り上げは特殊要因が大きい。そういう場合は前年比で比較をしてもあまり意味がなく、前々年比で分析して多いのか少ないのかを検討すべきでしょう。

よく「急成長している」といった表現が使われます。しかし、どの程度の成長なのかわかりません。単に20％成長といわれても、1億円企業の20％成長なのか、1兆円企業の20％成長なのかでは、数字の持つ意味がまるで違います。さらにいえば、1年で20％成長なのか、10年かかっての20％成長なのか。期間も重要な判断基準になります。

言葉ではなく数字で理解し、数字も絶対値や率をバランス良く把握するクセをつけたいものです。そうすれば情報リテラシーは飛躍的に高まります。

9 信頼できるデータは科学的な方法によって得られる

納得感のあるファクトにつながる数字やデータをどこで見つけるか。これも大きな課題であることは皆さんおわかりでしょう。

インターネットの登場により、誰もが情報の発信者となり、その情報が瞬時に拡散される時代になりました。わからないことがあったり、行きたい店があったりすると、とりあえずネット検索することで、たやすく〝正解〟にたどりつけます。

ただ、ネットの表層に浮遊している情報の9割以上はフェイクであり、ゴミ同然という指摘もあります。実際、新聞社ではウィキペディアの情報は利用しないという原則が徹底されています。誰が、どういう意図をもって書いたのかが明らかではないからです。

膨大な情報の中からファクトを見極めるリテラシーというものが大事になってくるわけです。

信頼できるデータとは、科学的かつ客観的な方法によって得られたデータです。各国政府が発表する公式資料や白書（レポート）、学術論文はその点、信頼が置けます。政府統計の信頼度は、その国の信頼度そのものです。

日本では、厚生労働省の統計不正などで公的な統計の信頼は揺らいでいるとの指摘もありますが、まずは大きな間違いはないと割り切ることが必要です。

10 情報を集めることから書くことは始まる

優秀な料理人でも、食材がなければおいしい料理はつくれません。名監督でも、有力選手がケガで欠場を余儀なくされれば、試合に勝つのに苦労します。文章も食材や有力選手という

〝ネタ〟を揃えられるかがカギを握ります。
逆に言えば、新鮮な食材があれば、イチローや大谷翔平のようなスーパースターがいれば、少々腕が悪い料理人や新人監督でもおいしい料理や良い試合ができるともいえます。
ネタは、これまでお伝えしてきたファクトやデータに当たります。ネタ探しで手っ取り早いのはインターネット検索です。今はほとんどの人が24時間、どこでもネットに接続できる時代であり、誰もが効率的にネタを探せます。しかし、ある程度のレベルの食材や選手は集められるものの、新鮮でおいしい食材、スター選手にありつくのは難しいともいえます。

そこで、地道に専門家に話を聞いたり、現場を実際に見に行ったりする「取材」が必要になります。取材の手間と、文章の「出来映え」（質）は無関係ではありません。いまはメールやビデオ会議システムなどもあるので、専門家や有識者、当事者にもコンタクトしやすい環境が整い始めています。どんどん活用すべきです。

聖徳太子は10人が一斉に話したことを理解できたという伝説（日本書紀）がありますが、一般的には時間をかけて地道に情報を集める努力が必要です。**新聞記者が早く文章を書けるのは、ファクトやデータをきちんと集めているから**です。つまり、事前の準備が必要なのです。

11 景気を見るときに有効な失業率や消費者物価指数

経済・景気の現状を示す重要な指標として、完全失業率や有効求人倍率、消費者物価指数などがあります。

完全失業率は総務省が発表しています。2019年までは失業率が2％台前半から半ばの水準。働く意欲・能力がある人は全員働いている「完全雇用」が続いていました。しかし、コロナ禍によってサービス業を中心に業績悪化を理由にした希望退職の募集、非正規雇用の解雇や雇い止めもあり、20年は2・8％まで失業率は上昇しています。

仕事を探している1人に対して何件の求人があるかを示す有効求人倍率は、厚生労働省が発表します。コロナ禍前の有効求人倍率はバブル期（ピークは1991年の1・4倍）を上回る高水準で、深刻な人手不足を感じている企業もありました。

消費者物価指数は「経済の体温計」とも呼ばれます。全国の平均的な家計が消費している商品やサービスの価格を指数化したものです。「ＣＰＩ」とも呼ばれ、総務省が毎月公表しています。

物価が急激に上がるのがインフレ、下がり続けるのがデフレです。緩やかに物価が上昇する状態が望ましいとされますが、総合指数（生鮮食品除く）の上昇率は２０１８年が０・９％、19年は０・６％、20年はマイナス０・２％。政府・日銀が掲げる「２％の上昇」の達成は難しい状況が続いています。

アンケート調査では母集団が問題になります。「代表性」といわれる問題です。民間のアンケート調査では標本数が極端に少ないものも散見されます。以前、１００人に聞いた結果（ランキング）を当てるテレビ番組がありましたが、１００人で国民を代表する声と言えるかという疑問が残ります。

経済・景気の現状に関する重要指標

指標	実施	詳細
完全失業率	**総務省**	労働力人口（就業者と完全失業者の合計）に占める完全失業者の割合のこと
有効求人倍率	**厚生労働省**	仕事を探している1人に対して何件の求人があるか
消費者物価指数	**総務省**	全国の平均的な家計が消費している商品やサービスの価格を数値化したもの

第7章

さて、文章を書く前に

1 背景や根拠を考える

「くじの配布は終了しました」

頑張った自分へのご褒美にスイーツを買おうと思って立ち寄ったコンビニエンスストア。入り口の張り紙を見て買う気がややトーンダウン……。

そんな経験ありませんか。


コンビニ業界のキャンペーンといえば、「おにぎり100円セール」と並んで「700円くじ」が定期的に行われています。

くじは1回当たり700円以上買ったら引け、当たればキャンペーン対象商品がもらえます。

でも、なぜ700円以上なのでしょうか。


「セブン‐イレブンの7から来ている」という声が聞こえてきそうです。

そういう説もないわけではありませんが、実はコンビニの売り上げと大きく関係しています。

全国に5万5000店を数えるコンビニの1店舗当たりの1日の平均売上高（平均日販）をご存じですか。

2020年度上半期で、最大手のセブン-イレブンが64万1000円。続くファミリーマートが48万8000円、ローソンが48万5000円です。セブンとファミマ、ローソンとの開きは大きいのですが、どのチェーンも1日の来店客数は1000人前後で大きく変わりません。

勘のいい人はおわかりですね。

平均日販を1000人で割れば、1人当たりの買上金額（客単価）がわかります。セブン-イレブンにとってはもう一品買ってもらうことで、600円台の客単価を700円以上に持っていきたい。ファミマやローソンはセブンの客単価に追いつきたいので、くじが引ける条件を700円以上としているのです。

世の中の物事には、必ず背景や根拠があります。この「背景や根拠」は「ファクト」（客観的な事実）と言い換えられます。

コンビニの700円くじにも、1店舗当たりの売り上げを上げていくため、という背景があるのです。まれに言葉遊びや験担《ゲン》ぎといった場合もありますが、根拠となるファクトがあるのがふつうです。ここでのファクトは600円だったり500円だったりする「客単価」という数字です。

数字をベースに、平均客単価を上げる、最大手に追いつき追いこせ、という論理（ロジック）を組み立て、700円以上の買い物客を対象としてくじ引きが企画されたわけです。

目の前に起こっている事実、過去にあった事実を的確に捉え、その上で論理的にメッセージを展開する。

ビジネスにおいて正しい意思決定を促すには、このファクトとロジックの合致は欠かせません。

2 現地・現物を重視する

トヨタ自動車はファクトを重視する会社です。トヨタの用語では「現地《げんち》・現物《げんぶつ》」と表現されます。かつてトヨタの幹部は、「現地・現物。これは、本質の見極め、事実の確認、真因の追究」と表現したり、「学ぶためには『現地・現物』で常に現場でモノを見ながら調べよう」と言ったりしたとされます。

こうしたことでファクトをつかみ、「カイゼン」につなげていく姿勢こそが、世界有数の企業にトヨタを引き上げた原動力です。

統計やアンケートなどの定量データがなければ、現場に赴き、自身の目や耳など五感をフルに活用してファクトを集めてくる。その大切さを、トヨタの「現地・現物」は示唆してくれます。客観的事実に基づいて物事を判断する姿勢が、「ファクト第一主義」です。徹底的に数字で考えること、それこそがファクトフルネスの時代に必要な思考法です。

コンビニの話題をもう一つ。おでんの話です。冬のメニューというイメージが強い商品ですが、コンビニの店頭におでん種が並ぶのは8月末から9月初めです。なぜそんなに早く、と思う人も多いのは当然です。ですが、季節商品は体感温度の微妙な差で、売れ行きがグッと上がったり下がったりするのです。

セブン‐イレブン・ジャパンの数年前の実績でみると、おでんは晩夏から売れ始め、1年間で最も売れるのは9月。月遅れの盆明けから気温が徐々に下がり出し、温かい物を食べたくな

トヨタの「現地・現物」

ファクトの収集方法
統計
アンケート
定量
データ
現場へ
現場での
五感
本質の見極め
事実の確認
真因の追究

る需要が出てくるからだといいます。

ちなみに2番目に売れるのは10月。冬場に入ると安定的に売れ続けますが、9～10月に比べると、やや売れ行きは鈍るそうです。

おでんのように、実際に売れる時期と一般的な「旬」の時期が異なる商品は少なくありません。例えば夏場のイメージが強いアイスクリーム。最近の消費者は暖房施設が整った暖かい部屋で冷たいアイスクリームを食べるのを好む傾向があり、実際、プレミアムタイプのアイスクリームの販売ピークは夏場ではなく冬場だそうです。

3 その情報は「筋がよいのか、悪いのか」

ファクトに基づいて判断することは大切なビジネススキルです。ですから、その**ファクトが「良い情報なのか、悪い情報なのか」**、**よく考えて見極める**という姿勢がないと、誤った判断を引き起こしかねません。

新聞などマスコミの世界では、その情報は「筋がよいのか、悪いのか」を問題にします。つまり、**情報源が本当に信頼できるのか**ということです。

政府や国際機関、知名度のあるシンクタンクなどオーソライズされた機関や団体が公表している資料は、基本的には問題がありません。注意しなければならないのは、それは**アップデートされた最新のものなのか**、ということです。古い資料では判断をミスリードすることになりかねません。

「孫引き」もできるだけ避けるべきです。

ウィキペディアのような誰が書いたかわからないネット上の情報も鵜呑みにせず、原資料に当たることをおすすめします。

これらは正しい情報を伝えるための鉄則です。

4 生活者の実態がリアルにわかる国勢調査

政府の統計は政策決定の重要な指針になるものです。これらの**統計に詳しくなると、世の中**

の変化が肌感覚で理解でき、今後の展開が予測できる可能性があります。

まず、総務省の「国勢調査」。5年に一度の国勢調査は日本に住むすべての人と世帯が対象になる国内最大の調査でもあります。人口だけでなく家族構成や業種・エリア別の就業人口など、生活者の実態がリアルにわかります。

総務省と経済産業省がまとめる「経済センサス」も押さえておくべき政府統計です。経済センサスは2~3年に一度行われる調査です。始まったのは2009年と歴史は浅いのですが、「経済の国勢調査」といわれるほど重要視されています。基礎調査と活動調査があり、より注目すべきは活動調査です。2000近い業種別の事業所数や売り上げ規模がわかります。

全国約9000世帯の家計簿をベースにした「家計調査」も要注目です。「土用の丑の日のうなぎのかば焼きの支出」など、消費の実態が1日単位でわかるのが特色です。

財務省の「貿易統計」も、月次で農産物や自動車などの輸出入動向がわかります。タピオカや台湾産パイナップルの輸入量など、消費のトレンドを裏付けるデータが見つかります。

主要な政府統計

	実施	調査周期
国勢調査	総務省	5年に1回
経済センサス	総務省 経済産業省	2〜3年に1回

	実施	調査周期
家計調査	総務省	毎月
貿易統計	財務省	毎月

5 政府統計は情報の宝庫

こうした政府統計は、どうやって調べればよいのでしょうか。

基本となるのは**「政府統計の総合窓口（e-Stat＝イースタット）」**です。特に重要とされる労働力調査など53の基幹統計を筆頭に、各省庁の600以上の統計調査を総務省統計局がまとめており、横断的に検索できます。

トップ画面の「分野」を選ぶと17のジャンルが表示され、「人口・世帯」に国勢調査、「企業・家計・経済」に経済センサスや家計調査があります。

では、このイースタットでクリスマスイブである「12月24日のケーキの支出」について調べてみましょう。

イースタットのトップページ上部にある「分野」をクリックし、「企業・家計・経済」の中の「主な調査」から「家計調査」(https://www.e-stat.go.jp/stat-search?page=1&toukei=00200561)を選びます。家計調査のページから「ファイル」をクリックし、「家計収支編」↓「二人以上の世帯」「月次」を選び、２０２０年の12月を見ます。「〈用途分類〉１世帯当たり１か月間の収入と支出」の一番下の「６－16　二人以上の世帯・勤労世帯」の「ＥＸＣＥＬ閲覧用」をクリックすると、タテに品目、ヨコに日にちが出てきます。タテの欄の「３４４」にある「ケーキ」の「24日」の項を見ると、クリスマスイブのケーキの支出金額である３６９・５８円に行き着きます。前日の23日の74・７９円と比べると大幅に増えたことがわかります。

イースタットは統計データの検索機能を備えていて、知りたい統計データを簡単に検索してパソコンにダウンロードできます。

また、**国立国会図書館も「リサーチ・ナビ」というサイトを運営しており、政府統計だけでなく民間統計などの検索窓口として重宝します。**お役所が作成した資料なので、中身は地味で難解なものも多いですが、データの信頼性は抜群です。しかも無料というのがありがたい。使いこなせば武器になるのは間違いありません。

6 午後3時過ぎにＴＤｎｅｔを見る

証券取引所のホームページは企業情報の宝庫です。日本取引所グループ・東京証券取引所の「適時開示情報閲覧サービス（ＴＤｎｅｔ）」は特に利用価値があります。決算短信や社債発行のお知らせ、経営統合や業績修正など、証券取引所（東証、名証、福証、札証）の上場会社が発表した投資判断上重要な会社情報が逐次掲載され、開示と同時に閲覧できるからです。ディスクロージャー（情報開示）資料の発表では、このサイトを見るのが一番早いことになります。

法令が遵守されている限り、公式発表の情報を知りうるタイミングは機関投資家も個人投資家も公平です。**情報開示は証券取引所の取引が終わる午後3時に集中する**傾向があるので（「場」が開いている時間帯も注意が必要ですが）、一般的には午後3時過ぎにＴＤｎｅｔを見る習慣をつけるとよいでしょう。

投資においては情報がカギを握ります。新聞記者はコンプライアンス上、株式投資をしてはいけません。そんな筆者が言うのはおこがましいのですが、正しい情報に基づいて判断しなければ、投資がうまくいかないのは至極当然のことでしょう。

特別な情報源を持っていないと成功できないと思っている人も多いようです。とはいえ、卓越した成果を出しているプロの投資家も、最大の情報源は一般的な公開情報です。経験や勘でそれらを取捨選択しているのが実際のところです。

7 お役立ち情報源

ここで、ビジネスに役立つ情報源をまとめておきましょう。

政府統計の総合窓口　https://www.e-stat.go.jp/
総務省統計局……国勢調査、消費者物価指数や全国物価統計調査など
財務省……………貿易統計、金融政策の公式コメントが読める
内閣府……………景気動向指数や四半期別GDP速報などが見られる
経済産業省………鉱工業生産指数、鉄鋼・非鉄金属・金属製品統計、特定サービス動態統計など
「**白書**」　http://www.kantei.go.jp/jp/hakusyo/
……内閣府（経済財政白書、原子力白書、防災白書、子ども・若者白書、少子

化社会対策白書、高齢社会白書、障害者白書、交通安全白書、男女共同参画白書、国民生活白書）

……厚生労働省（厚生労働白書、労働経済白書、自殺対策白書、過労死等防止対策白書）

……総務省（地方財政白書、情報通信白書）

……農林水産省（食料・農業・農村白書、食育白書）

……経済産業省（通商白書、製造基盤白書＝ものづくり白書）

……中小企業庁（中小企業白書、小規模企業白書）

……観光庁（観光白書）他

日本銀行の統計　https://www.boj.or.jp/statistics/index.htm/

国立国会図書館リサーチ・ナビ　https://rnavi.ndl.go.jp/research_guide/cat2858/cat167/index.php

ＴＤｎｅｔ（適時開示情報閲覧サービス）　https://www.release.tdnet.info/inbs/I_main_00.html

日本生産性本部……レジャー白書　https://www.jpc-net.jp/research/list/leisure.html

みずほリサーチ＆テクノロジーズ　https://www.mizuho-ir.co.jp/index.html

三菱総合研究所　https://www.mri.co.jp/

野村総合研究所　https://www.nri.com/jp

ニッセイ基礎研究所　https://www.nli-research.co.jp/?site=nli
博報堂生活総合研究所　https://www.hakuhodo.co.jp/knowledge/seikatsusoken/
エデルマン・ジャパン　https://www.edelman.jp/
国際連合広報センター　https://www.unic.or.jp/
国際通貨基金（IMF）　https://www.imf.org/en/Data
経済協力開発機構（OECD）　https://www.oecd.org/
各種プレスリリース……PR TIMES　https://prtimes.jp/
日本経済新聞電子版　https://www.nikkei.com/
読売新聞オンライン　https://www.yomiuri.co.jp/
朝日新聞デジタル　https://www.asahi.com/
ニューズピックス（NewsPicks）　https://newspicks.com/
グーグルスカラー（論文検索）　https://scholar.google.co.jp/schhp?hl=ja
日本商工会議所　https://www.jcci.or.jp/
日本経済団体連合会　https://www.keidanren.or.jp/
経済同友会　https://www.doyukai.or.jp/
全国スーパーマーケット協会　http://www.super.or.jp/

日本チェーンストア協会　https://www.jcsa.gr.jp/
日本フードサービス協会　https://www.jfnet.or.jp/
日本百貨店協会　https://www.depart.or.jp/
日本自動車工業会　https://www.jama.or.jp/
日本電機工業会　http://jema-net.or.jp/
日本機械工業連合会　http://www.jmf.or.jp/
日本旅行業協会　https://www.jata-net.or.jp/
日本不動産研究所　https://www.reinet.or.jp/

8 まずは原資料・原典に当たる

公開情報の中から正しい情報を選択するには何が大事でしょうか。

人は、**そうあってほしいという「願望」やかくあるべきだという「べき論」と「ファクト（客観的事実）」を無意識に混同してしまいがち**です。そして、この無意識の混同が、情報の取捨選択において致命的な間違いを犯すことにつながりかねないのです。

気になるニュースがあったら、まずは原資料・原典に触れてから様々な媒体を見ること。そして、ニュースがどのように報道されているかをよく確認することをおすすめします。

データの信頼性を確保するには、７つの条件があります。

❶ 新鮮である
❷ インパクトがある
❸ わかりやすい
❹ 客観性がある
❺ 調査方法が確かである
❻ 複数のデータが補完し合っている
❼ 恣意的な処理がなされていない

❼の「恣意的な処理」とは、ミスリードにつながりかねない処理だけでなく、誤った集計処理も含みます。

これらの7つの条件をすべて兼ね備える必要はありませんが、ファクトとして数字を使う場合は、できるだけ多くを満たすデータを用意したいものです。

情報には、実際に起きている事象を把握した一次情報と、そうした情報を取りまとめ、整理した二次情報があります。どちらも大切ですが、やはりオリジナルな情報を集めた一次情報の方が、のちのアウトプットに独自性が生まれます。

9 一次情報はグーグルで検索しても出てこない

一次情報とは、自分が直接、人と話をしたり、現場で見聞きしたりして得た自分しか知らない情報のことをいいます。「あの人がこんな面白いことを言っていた」とか、「あの会社の新サービスではこんなアイデアが生かされている」など、グーグルで検索をしても出てこない類の情報です。

たとえ同じような話は検索できたとしても、**生の声は貴重**です。ニュアンスが違いますし、実際に話を聞くことで、記事などメディアの情報を読むだけでは見えてこない本質が見えることもあります。また、紙や画面を見るのとは違う臨場感があり、感性を呼び覚ましてくれます。

情報を活用する場合、もちろん二次情報も大切ですが、より重要なのはこうした一次情報です。それも、自分だけが知りえた情報であれば、貴重なことは言うまでもありません。

10 インターネット検索のコツ

インターネットでよく使うサービスの一つに「検索」があります。わからないことをすぐに調べられるネット検索は、少しコツを覚えるだけでもっと効率的になります。

調べものをする場合、キーワードを入力して検索するわけですが、1語ずつ検索していてはなかなか目的の情報にたどり着けません。

検索の基本は、できるだけシンプルなキーワードを入力すること。そして、より効率よく検索するには、複数のキーワードをスペースで区切って入力しましょう。入力したキーワードすべてに合致するページが検索されるようになります。

欲しい情報に効率よく到達するには、「探したいページに書かれていそうな、やや硬めの文章を思い浮かべる」のがコツです。例えば、スマートフォンの出荷台数の増加について調べるなら、「スマートフォンの出荷台数の推移」のような報告書があるかもしれません。そこで、「スマートフォン　出荷台数　推移」と入力する。

キーワードを工夫してみても、求める情報にうまくたどり着けない——そんなときは、次のような検索オプションを使ってみましょう。

A（半角スペース）B

A、B両方のキーワードが含まれている情報を検索できます。

A（半角スペース）OR（半角スペース）B

A、Bいずれかのキーワードが含まれる情報を検索できます。

A（半角スペース）-B

Bのキーワードが含まれる情報を除外して、Aの検索結果が表示されます。Aが幅広い意味を持つ時に使うと、検索精度が高まります。

“A”

半角の“ ”で囲むことで、Aのキーワードが完全一致で含まれる検索結果が表示されます。固有名詞のような特定のキーワードの内容を調べたい時に便利です。

A*

半角のアスタリスクを使うことで、不明瞭な語句を含めた検索結果が表示されます。「花より*」のように、一部の語句が思い出せない時などに便利です。

Aとは

単語の意味を最短で知りたい時に役立ちます。言葉の解説が検索結果に表示されます。

11 国会図書館に行ってみる

ネットでは手に入らない情報もあります。

国会議事堂の隣に建つ国立国会図書館は、蔵書数約4500万点の日本一の図書館です。その本館2階の「科学技術・経済情報室」はビジネス情報の宝庫です。

例えば半導体やエネルギー、食品など各産業のシェアやランキングといった業界動向の資料や統計情報が最新のものまで細かく調べられ、マーケティングリサーチにも役立ちます。会社年鑑も揃い、たくさんの会社の社史もひもとけます。

ある特定分野の深い情報や最寄りの公共図書館では手に入らない資料が必要になったとき、強い味方になってくれるのが専門図書館や大学図書館です。

大宅壮一文庫（https://www.oya-bunko.or.jp/）は雑誌専門の図書館。雑誌記事をデータベース化しているので、記事検索が可能。芸能人やスポーツ選手などの過去記事にアクセスでき、世相を知ることができます。

日本交通公社が運営する「旅の図書館」（https://www.jtb.or.jp/library/）は、観光関連の学術誌や観光統計資料、ガイドブックなど約6万冊が揃っています。

「食の文化ライブラリー」（https://www.syokubunka.or.jp/library/）は、味の素食の文化センターが1989年から収集してきた食文化の書籍、雑誌など約4万冊が並び、江戸時代以降の料理書などの貴重書や食関連のDVD、映画やドキュメンタリーなども所蔵しています。

このほか「航空図書館」（http://www.aero.or.jp/koku_tosyokan_2020/koku_toshokan.html）や「自動車図書館」（https://www.jama.or.jp/lib/car_library/index.html）、「農文協図書館」（http://nbklib.ruralnet.or.jp/gaiyou.html）、「明治大学『現代マンガ図書館』」（https://www.naiki-collection.jp/）など、それぞれの業界情報が充実した専門図書館も知られています。

12 侮れない高校「政治・経済」の資料集

侮れないのが、高校の「政治・経済」の資料集です。難しいワードには必ず解説がついていて、時事問題や専門用語を理解しやすい工夫がされています。同じく子供用の図鑑も、当然ながら疑問に答えてくれるので非常にわかりやすい。価格も1000円程度と手頃です。これらの資料「日本国勢図会」のようなデータブックも常に1冊持っておくといいでしょう。いつの間にか数や図鑑を身近に置いて、知りたいテーマがあればその都度調べてみましょう。いつの間にか数字が身近な存在になっているはずです。

日常生活の中で時事ネタを拾うことも可能です。私が普段よくやっているのが、電車内で週刊誌の中吊り広告をチェックすることと、コンビニエンスストアの雑誌売り場で女性誌やファッション誌を斜め読みすること。雑誌の中吊り広告や表紙にはそのときの旬のキーワードが取り上げられています。普段は縁遠い情報に意識的に触れることも大切。無理なく時事ネタをまとめて知ることができます。

13 情報が正しいかどうかを見分ける力

新型コロナウイルスの感染拡大が始まった頃、デマや誤った情報が社会を混乱させました。トイレットペーパーやティッシュペーパーが、各地の店頭で品切れになったのがその典型です。先が見えない混迷の中では、人々は容易に偏見にとらわれてしまうものです。

不確かな情報発信に踊らされないためには、情報が正しいかどうかを見分ける力が必要です。見分け方としては、まず**情報の出所を確認する**ことです。手前味噌ですが、ネットよりもオールドメディアの新聞やテレビ、雑誌などは信頼性が比較的高いのは事実でしょう。それは、経験豊かな記者が時間やコストをかけて情報を集め、社内での何重にもわたる記事チェックのハードルを超えてきた記事しか掲載されないからです。

ＳＮＳで飛び交っている情報は、ごく一部の人の主張に過ぎません。しかも、ほとんどが独自情報ではなく既存情報のコピーです。**SNS上で何か気になる情報を目にしたときは、その**

基になっている記事を必ず参照しましょう。記事が発表に基づくものであれば、必ず発表元のサイトにアクセスするクセをつけたいものです。発表元のサイトに行くと、話が全然違ったというのはよくあることだからです。

加えて注意しなければならないのは、**インターネットやSNSでは自分に心地よい情報ばかりに接しがち**なことです。検索サイトには、これまで接したネット情報を分析して、同じような傾向の情報を選んで表示する機能があります。SNSでも似たような趣味や考え方の人と情報を交換しがちになる。そうしていくうちに興味や考え方が偏ってしまう状態に陥りかねません。

現代はメディアリテラシーが必要な時代です。メディアリテラシーとは、新聞やテレビ、インターネットなどが伝える情報を鵜呑みにせず、主体的・批判的に読み解く能力のことです。ICT（情報通信技術）が発達し続けるなか、ニュースは短時間で世界中に広がってしまいます。情報を発信する場合も、受信する場合も、「この情報がどのような影響を与えているか」を常に考えたいものです。

第8章

実際に文章を書いてみる

1 文章のテーマ、目的、読者を明確に意識する

前章まで、文章のテクニックをお伝えしてきました。

そして、ファクトやデータの集め方を紹介し、読み手の疑問に答えるように、ファクトが流れるように配置されたのが「伝わる文章」だと説明してきました。

本章では、実際に練習問題に取り組んでみましょう。

ここで躊躇された方もいるかもしれませんね。

コンパクトに短く、一文には一要素……などというテクニックはわかったけれど、そもそも「何について書くのか」「どういう目的で書くのか」といった「そもそも論」がなかったじゃないかと。

・何について書くのか
・どういう目的で書くのか

・誰に読んでもらうのか

もちろん、これらは書き始める前にきちんと考えることが非常に重要です。頭の中で、あるいはメモ書き（箇条書き）して整理します。

何について書くのか

「考える」にあたっては、人と話をしたり、資料を読んだりするなど、情報をインプットすることが必要です。「何」とは、つまり対象となるモノやテーマです。

次に、そのモノやテーマについて、情報収集をし、事実関係をしっかり押さえます。

例えば、会議の議事録を作る場合なら、会議で何が話し合われ、何が決まり、何が課題として残ったのか。今後、いつまでに何をしなければならないのか。そういった点をしっかり踏まえることが必要になります。

どういう目的で書くのか

「目的」とは、**なぜこの文章を作成することが必要なのか**、ということです。

「社内文書」と「社外文書」ではやや異なりますが、「仕事を効率的に進めるため」という大前提に立てば、「記録として保管するため」「事業を先に進めるため」「社員、部員間で情報を共有するため」といった目的が浮かんできます。

誰に読んでもらうのか

読み手を意識しながら文章を組み立てようということです。

ビジネス文章では、上司、同僚、取引先など様々な読み手がいます。

読み手によっては、前提となっていること、お互いにすでに共有している情報などは省略してもかまいません。

しかし、初めて上司に報告する事柄であったり、新規の取引先に提案したりする事案の場合は、専門用語を極力使わないようにするとか、やむをえず使う場合でも別の言葉でわかりやすく解説するなどの工夫をした方がいいでしょう。

読み手がどんな場面で、どのくらい時間をかけて読むかも意識した方がよいでしょう。最初にお伝えしたように、「文章は読んでもらえないもの」だからです。

読み手は一般に、様々な案件を抱えていて、あなたの文章を読むことにそう多くの時間をかけてはいられないものです。

一読してすぐに内容が頭に入ってくる文章が「良い文章」なのです。

2 まずタイトルを考え、メモ書きで書く内容を整理する

文章にはタイトルを付けます。それも、最後に考えるのではなく、書き始める前に考えておくと頭の整理になります。

新聞記者も、記事を書き始める前に、あるいは取材をしている最中に、「見出し（タイトル）」を頭に思い描きます。

例えば新聞の社説を想像してみてください。「国際協調でインフレ対策を」という見出しがあったとします。これが新聞社の主張であり、最初の段落にも見出しと同じ主張の文章をもってきます。例えば「新型コロナウイルス感染拡大対策で各国が大規模な財政出動をした結果、開発途上国を中心に財政が逼迫し始めた。インフレ懸念が高まるなか、金融面での国際協調をすべきだ」と主張します。そして、主張の根拠や前提として、現在起こっている事実や数字を並べ、説得力を持たせていくのです。

見出し（タイトル）を軽視しがちなのがメールです。「全体会議の件」「打ち合わせの件」「お願い」といった紋切り型のタイトルが散見されます。「全体会議の配布資料の件」「新規出店オーナー様との打ち合わせの件」「代理出席のお願い」とした方が、開封されないままスルーされることは少なくなるはずです。

提案書や企画書の場合も同様です。「顧客戦略に関するご提案」よりは「コールセンター業務の迅速化に関するご提案」、「チラシ削減とリーチ率向上のご提案」の方が、読み手は内容をイメージしやすいはずです。何を伝えたいのかを明確にすることで、メールをすぐに読んでもらえるのです。

書く内容をメモ書きする際のポイントは、タイトルとともに、その根拠や前提となるキーワードを意識することです。キーワードとは、これまでお伝えしてきた「ファクト」と「データ」です。

なぜキーワードを意識することが必要かというと、これから書く文章の中で最も訴えたいことは何なのか、ということと密接に関係してくるからです。

キーワードを眺めていると、見えてくるものがあります。個別のファクトから共通項を見つけたり、一般的な法則や主張が導き出せたりします。

例えば、「小売業のA社はベトナムに進出した。物流業のB社もベトナムに進出した。サービス業のC社もベトナムに進出した。つまり、日本企業の多くがベトナムに進出しているのは、巨大な潜在市場を開拓するためである」といった感じです。

ビジネス文章を書く上で大切なのは、事前に集めた大事な情報と、そこから導き出した主張や推論などを「モレなく、ダブリなく」書くことです。間違った情報が載っていてはそもそも失格ですが、大事な情報を書きもらしている場合も不合格です。そこで35ページで紹介した「6W3H」も生きてくるわけです。

必要に応じて、自分なりの視点、主張、モノの見方、推論を加えながら、書き始めます。

3 タイトルとメモ書きを意識した練習①

では、ひとつ具体的な練習問題に取り組んでみましょう。

練習問題
1

「記念日」ブームと呼ばれるほど、毎日のようにテレビのワイドショーで様々な記念日が紹介されています。記念日ビジネスの実態を紹介してください。

【想定読者＝販売促進または営業企画のスタッフ】

【目的＝年間キャンペーン企画立案のための会議資料】

まず何について書くかを明確にします。ここでは「記念日ビジネスの実態」となるでしょう。これがひとまずタイトルになります。

そして情報収集ですが、まずはインターネット検索が一般的でしょう。「記念日」と打ち込んでグーグル検索すると、トップに「一般社団法人日本記念日協会(https://www.kinenbi.gr.jp/)」が登場しました。検索結果ページには、日本記念日協会に続いて、ウィキペディアの「記念日」「日本の記念日一覧」があります。これらをざっと読んでみると、日本記念日協会は企業や団体などからの記念日申請を認定登録していることがわかりました。

また、暦や二十四節気について調べると、土用や大寒などの季節に根ざした行事があり、勤労感謝の日といった歴史や伝統に根ざしている〝記念日〟があることもわかりました。

ただ、これではネット検索しただけの、誰もが知っている文章になってしまいます。ここで思いを巡らし、想定読者の関心や興味があることに引き付けてリサーチを進めましょう。

例えば「ショートケーキの日」なんてあるのかな、と思ったとします。日本記念日協会のサイト内の検索機能を使ったところ、協会での登録はありません。こうなればしめたもの。グーグルで「ショートケーキの日」を検索すると、簡単に出てきました。カレンダーをみると、15（いちご）が上に載っている毎月22日がショートケーキの日だ、と。銀座コージーコーナーなどの洋菓子店が、ショートケーキの日をプロモーションに使っていることも検索結果ページからうかがえました。

次いで、追加情報を得るため、同じような面白い記念日はないか、自分の興味ある食べ物などの記念日はないか、ちょっと検索してみましょう。なんと「かき揚げの日」や「ロールケーキの日」などがヒット。記念日は企業や関係団体のプロモーションやＰＲで使われることが多いことがわかりました。

設問では、「記念日ビジネスの実態を紹介してください」とあります。以前、バレンタインデーはメリーチョコレートカムパニーという会社がはやらせたのだと聞いたことも思い出し、「記念日ビジネスは花盛り」というファクトを盛り込んでいくことにします。

次のステップとして、集めた情報を箇条書きにしてみます。

- 一般社団法人日本記念日協会
- 協会の趣意に「記念日により日々の生活に潤いが生まれ、歴史が刻まれ、産業が盛んになり、社会的に大切な情報が多くの人に届く」とコメントあり
- 二十四節気、暦、伝統行事
- ショートケーキの日は、カレンダーの日並びから設定された
- 銀座コージーコーナーなどがPRとして活用
- 同様の事例として「かき揚げの日」や「ロールケーキの日」
- ポッキー&プリッツの日（11月11日）
- バレンタインデーが走り？

練習問題ではタイトル（見出し）は求められていませんが、ここであえてつけるとしたらど

うでしょうか。

メモ書きしたキーワードを眺めた結果、「記念日ブーム、企業のPR活用が拍車」「記念日ブーム、今や2100超——語呂合わせや変わり種も」といった見出しをイメージしてみました。タイトルが決まると、箇条書きのキーワードにヌケやモレがあること、つまり、もっとほかに欲しい情報があることが見えてきます。

ちなみに、最初のメモ書きでは日本記念日協会の認定登録数が抜けていました。記念日ブームを裏付ける数字を、ということで、協会のサイトから「2020年3月末現在で2100件を超える記念日が認定登録されて」いるという情報を追加しました。このデータがなければ、「画竜点睛を欠く」ことになってしまいます。

さて、いよいよタイトルを意識しながら、メモ書き情報を肉付けして文章を構成していきます。

第2章で触れた基本のPREP法で書くことにします。

第一段落（P）で、記念日ブームの一般的な情報を紹介しつつ、企業などの民間がビジネスに活用している背景に触れます。

それを「世の中、記念日ばやり」の一言で表現し、第二段落以降でその実態を肉付けしていきます。理由（R）として、一般社団法人の日本記念日協会に登録されている記念日が210件以上にのぼることを紹介。続いて具体的な事例（E）を持ってくることにします。記念日ビジネスの走りと言われるバレンタインデーを持ち出し、ビジネス活用の歴史は案外古いことを指摘しようと思います。

その上で、「意外な」記念日である「ショートケーキの日」を取り上げて、話を転じる工夫をします。同様な事例として「かき揚げの日」を紹介し、関連として「めんの日」「ポッキー&プリッツの日」などへと話を広げることにしました。

最後に結論として、記念日協会のコメントを使い、記念日ビジネスのさらなる拡大を見通し、冒頭の「世の中、記念日ばやり」を補強することにします。

●回答例

記念日ブーム、企業のＰＲ活用が拍車

世の中、記念日ばやり。例えば11月は暦（二十四節気など）の上では立冬や文化の日、勤労感謝の日などがあるが、民間などが自主的に決めた記念日には「いい夫婦の日」（11月22日）や「ポッキー&プリッツの日」（11月11日）などがある。制定理由は様々だが、メーカーや小売り、業界団体などが需要拡大を狙って記念日を制定する例が増えている。

１９９１年設立の一般社団法人・日本記念日協会（長野県佐久市）は、企業や団体、個人の申請を受けて、記念日を認定・登録している。２０２０年3月末で２１００件を超え、その数は増える一方だという。

日本では女性が男性にチョコレートを贈る日になっている2月14日の「バレンタインデー」。１９５８年にメリーチョコレートカムパニー（東京・大田）が伊勢丹新宿本店でキャンペーンを展開したことから広まった。もともとはローマ皇帝の迫害にあって西暦２７０年に殉教した聖ヴァレンティヌスに由来する。

「憲法記念日」や「ひな祭り」など、国や公的機関が制定した祝日や記念日は伝統や

歴史に根ざしたものが多い。これまで民間が決める記念日は「語呂合わせ」が多く、いい夫婦の日もしかり。毎月の29日は「肉の日」というのがスーパーマーケットの特売や飲食店で定着している。

ちなみに、ショートケーキの日が何日なのかをご存じだろうか。

ヒントはカレンダーの日付の並びだ。

答えは毎月22日。理由は「イチゴ」が上にのっているから。1週間ごとに数字が並んでいるカレンダーをみると、毎月22日の上には必ず15日がくる。イチゴのケーキの定番と言えばショートケーキ。22日のケーキの上に1（イチ）5（ゴ）がのっているというわけだ。仙台の洋菓子店が発案したといわれる。

同じような理由で制定されたのが「かき揚げの日」。細い麺のように数字が並ぶ11月11日が「めんの日」であることから、カレンダーでは11月11日の上にくる11月4日が答えだ。うどんやそばにのせる代表的な具材であるかき揚げを、冷凍食品メーカー、味のちぬや（香川県三豊市）が取り上げた。

めんの日の11月11日は「ポッキー&プリッツの日」でもある。発売元の江崎グリコが棒状の形状から決めた。数字の形状から取られたものには「ロールケーキの日」（6月6日）もある。

記念日は日々の暮らしに潤いを与えたり、思わぬ語呂合わせで人々を笑顔にさせたりする。話のネタやビジネスのヒントにもなる。日本記念日協会も「歴史が刻まれ、産業が盛んになり、社会的に大切な情報が多くの人に届く」と記念日の効用を説く。さて、これからどんな記念日が登場するのだろうか。

この練習問題は、一般社団法人日本記念日協会のサイトにアクセスし、ウィキペディアなどで調べれば概要は理解でき、書ける問題です。回答例では、二十四節気のような季節感のあるものや国民の祝日などとは違った、語呂合わせや少しひねった記念日が増えていることを紹介しました。読み手に「へーっ」と思わせる文章にするには、意外なものや定番のファクトを混ぜながら書くことです。納得感が高まります。

4 タイトルとメモ書きを意識した練習②

メモ書きはファクトとデータ、そしてその情報源を列挙するのもよいでしょう。書く前の準備段階で集めたデータの分析結果をキーワードとして書き留めておきます。次の練習問題は、そこを意識して取り組んでみましょう。

練習問題 2

コロナ禍は日本の生活者をどのように変えたでしょうか。信頼できるデータを使って解説してみてください。

【想定読者＝経営もしくは営業幹部】

【目的＝新年度の予算策定キックオフミーティングの資料】

「どのように変化したでしょうか」というテーマに沿うためには、時系列で変化がわかるデータや調査を基にすることが避けられません。

博報堂生活総合研究所では、定期的に生活者の意識を分析する「生活定点」という調査を長年続けています。そこで、同研究所のサイトをまず見て、その後、「新型コロナウイルス」「生活者」「消費」などをキーワードとして、以下のファクトをインターネットの検索で集めてみました。

① **博報堂生活総合研究所：第10回 新型コロナウイルスに関する生活者調査**（2021年1月） https://seikatsusoken.jp/newsrelease/16578/

……生活自由度＝感染拡大前（１００点）に対して56・３点

②**総務省統計局：労働力調査**
https://www.stat.go.jp/data/roudou/sokuhou/tsuki/index.html
……２０２０年12月の失業率２・９％

③**厚生労働省：一般職業紹介状況**
https://www.mhlw.go.jp/stf/houdou/0000192005_00010.html
……新規求人数はコロナ前の前年同月から２割減

④**博報堂生活総合研究所：来月の消費予報・２０２１年２月（消費意欲指数）**
https://www.hakuhodo.co.jp/news/newsrelease/87380/
……２０２１年１月は48・６点、前月比６・３ポイント低下

⑤**ナウキャスト：プレスリリース「ＪＣＢ消費ＮＯＷ」による２０２０年消費動向総括**
https://www.nowcast.co.jp/news/20210127/
……ＪＣＢカード消費データ（２０２０年１〜12月）
……外食が前年同月比36％減、旅行は40％減

⑥**ショッピファイ：プレスリリース「Shopify 調査から分かる未来のコマースとは!?〜コロナ禍における日本の消費者の購買傾向と２０２１年５つのコマーストレンド**

予測を発表」 https://prtimes.jp/main/html/rd/p/000000058.000034630.html
……54％が「地域のビジネスから購入することは経済を助けるためにできること」
……39％が「支援するため地域に根差したビジネスを探している」

日常的に新聞やニュースサイトを見て、データソース（情報源）としてどのようなものがあるかを頭に入れておく習慣をつけましょう。経済・ビジネスで有用な情報源については前章174ページで紹介していますので参考にしてください。

回答例を書くに当たって気をつけたのは、もちろん**結論を先に書き、その理由をファクトとデータで示していく**ことです。そのデータもひとつではなく、**多角的に複数のデータを紹介する**ことで説得力を増す工夫をしましょう。

複数のデータを読み取り、プレスリリースなどの情報を分析した結果、コロナの感染拡大の前と後とでは消費者の心理は低下していることが判明しました。その上でコロナ禍による変化は一時的ではないのではないかという仮説を立て、Z世代など若い世代を取り上げて独自の視点を出すことにしました。

●回答例

心地よさを求め、社会貢献を意識する生活者

新型コロナウイルスの感染拡大によって、日本人の生活は大きく様変わりした。博報堂生活総合研究所の「新型コロナウイルスに関する生活者調査」をみると、感染拡大以前の普段の状態を100点としたとき、現在の「生活自由度」は56・3点にとどまっている（2021年1月）。

個人の生活は、様々な分野で「快適さ」や「心地よさ」を求める方向にシフトする。コロナ禍は個人の力ではどうすることもできない無力感が強い。このコントロールできない状況に直面する中で、個人はコントロールできることに安堵感を覚える。例えば、自分の住まいの中、あるいは目の届く範囲。家族・友達との関係。半年や1年先ではなく、今日明日あさって、といった足元の暮らしを大切にしたい、より快適にしたいという思いが強まっている。

世界的な金融緩和と財政出動による株高は続くものの、景気の低迷は長期化が予想

される。雇用環境は厳しく、所得格差は広がらざるを得ない。総務省が発表した20年12月の失業率（季節調整値）は2・9％で、厚生労働省が発表した新規求人数はコロナ前の前年同月から2割減ったままだ。博報堂生活総研の21年1月の消費意欲指数は48・6点と、前月比6・3ポイント低下した。ナウキャストが集計するJCBカードの消費データでは、20年12月に外食が前年同月比36％、旅行は40％減った。

20年4月の最初の緊急事態宣言前後は、感染予防のために、消費者はスーパーマーケットでの買い物の回数を減らし、まとめ買いする傾向にあった。スーパーマーケット業界の既存店ベースの客数は前年を下回っており、オンラインでの買い物を増やす傾向が強まっている。EC（電子商取引）プラットフォームを展開するショッピファイの調査によると、オンライン購買へのシフトでは42％が年初に比べ、より頻繁にオンラインで購入するようになり、特に若年層（18〜34歳）では59％と半数を超えた。中年層（35〜54歳）は40％、高年層（55歳以上）は34％となっている。

購買行動に大きな影響を与えたコロナ禍だが、心理面での変化にもつながっている。同じショッピファイの調査では、54％が「地域のビジネスから購入することは経済を助けるためにできること」としており、39％が「支援するため地域に根差したビジネスを探している」と答えている。

スウェーデンの環境活動家、グレタ・トゥーンベリさんに代表されるZ世代やミレニアル世代（ミレニアルズ）は社会の問題や他人の苦しみを「自分ごと」としてとらえ、環境やフェアトレード、ボランティアなどに関心を持つ。エシカル（倫理的）消費も顕在化しており、消費者心理は確実にコロナ禍により変化している。

博報堂生活総研の時系列データに加えて、失業率やクレジットカードの使用データなど、複数のデータを使っています。

生活の自由度が低水準にとどまっているデータから、〝個人の生活は、様々な分野で「快適さ」や「心地よさ」を求める方向にシフトする〃と主張しました。その後、雇用環境や消費環境が厳しくなっている現状に論を展開し、買い物頻度の減少やオンライン購買の増加をショッピファイの利用状況で示しました。

そして、不自由なコロナ禍のなかで、利他的な動きや環境意識などが若い世代を中心に高まっていることを紹介し、生活者の変化を解説しました。

5 タイトルとメモ書きを意識した練習③

メモ書きでキーワード（ファクトとデータ）を確認しながら文章構成を考える練習問題をもう一つやってみましょう。

練習問題3

若者の間でシェアリングエコノミーが広がっています。シェアハウスもその1つ。ところでシェアハウスのニーズは若者だけでしょうか？

【想定読者＝新規事業開発担当者】

【目的＝新規事業検討のための定例ミーティング参考資料】

インターネット検索で、国土交通省住宅局と東京ガス都市生活研究所の調査を見つけました。国交省の調査では入居した動機・理由が挙げられており、東京ガスは単身者を対象にした世代別の居住意向を調査していました。

内容を読み解いていくうちに、シェアハウスは若者だけのものではなさそうだという「結論」を導き出しました。

それでは、文章の構成を練るため、情報を箇条書きにしてみましょう。

- **結論は「シェアハウスは決して若者だけのものではない」**
- **テレビ番組「テラスハウス」が人気だった→若者の生活を描いた**
- **国土交通省の調査①……「家賃が安い」（44・6％）がシェアハウスを選んだ理由**
- **国土交通省の調査②……「他の居住者とコミュニケーションが図れるから」も7・9％**
- **東京ガスの調査①………20代、男性より女性の居住意向が高い**
- **東京ガスの調査②………30・40代よりも50代の女性で居住意向が高い**
- **東京ガスの調査③………50代女性の意向は25％**
- **単身女性の増加、未婚率の上昇、女性は男性に比べて平均寿命が長い**
- **フレイルドミノ（厚生労働省）**

では、このメモ書きを基に文章を書いてみます。ベースはPREP法にします。結論を最初に持ってきて、その理由をファクトで補っていく流れです。

「シェアハウスは幅広い年齢層にニーズがあると考える」という結論を最初に書き、その理由をすぐ次の文で「なぜなら……」と書きます。

次に、結論を補うファクトを国交省と東京ガスの調査で示します。国交省の調査では、「家賃が安い」がシェアハウスを選ぶ理由の第1位であることを押さえ、東京ガスの世代別調査で「所得が低い若い層だけのシェアハウスではない」という結論を直接的に補います。

特に、東京ガスの調査の50代女性の居住意向「25％」という数字に着目し、それを言い換えることで、筆者なりの主張であることを印象づける工夫をします。

最後に、高齢の女性の特徴と、高齢者特有の問題（介護が必要になる可能性＝フレイルドミノ）を指摘し、高齢者にこそシェアハウスが必要であるという結論に持っていくことにします。

回答例

高齢化時代に求められるシェアハウス

「テラスハウス」などのテレビ番組が制作され、若者が共有のリビングでおしゃべりを楽しむ様子がよくメディアで紹介される。だが、シェアハウスは幅広い年齢層にニーズがあると考える。なぜなら、少子高齢化による人口減少や経済的な理由から、単身で暮らすことに不安を抱いている高齢者が増えているからだ。

国土交通省住宅局の2014年の調査によると、シェアハウスに入居した動機・理由の第1位は「家賃が安い」（44・6％）。次いで「立地が良い」（32・8％）が挙がり、「勤務地に近い」（16・5％）、「初期費用が安い」（15・8％）、「他の居住者とコミュニケーションが図れるから」（7・9％）と続く。

また、東京ガス都市生活研究所の単身者を対象にした調査（15年）によると、シェアハウスは特に20代、男性より女性の居住意向が高い。ただ、30・40代よりも50代の女性でシェアハウスの居住意向が高いというデータも無視できない。その数は25％。「50代の単身女性で、老後に他人と住む可能性があると考える人は4人に1人いる」ことがわかった。「シェアハウスは若者のもの」という仮説を検証する中で、「シニア女性のシェアハウス」という新たなニーズがうかがえた。

男女を問わず生涯未婚率も高まっている。男性に比べ平均寿命が長い女性の未婚率は19年で14・1％と、00年に比べて8ポイントほど増えている。社会との関わりがなくなると、フレイルドミノ（介護が必要となる）の可能性も考えられる。現在、若者を中心に広がるシェアハウスは、シニア女性の「利便性」「経済性」「安心」のニーズを満たす新たな住まい方になる可能性がありそうだ。

改めて回答例の文章をみてみると、国交省の公的なデータを使っていることに信頼性が感じられます。「なぜシェアハウスを選ぶのか」という理由（ファクト）が列記され、その中で経済的な理由が上位になっていることを浮かび上がらせました。また、公益事業者の東京ガスの調査データにより、年代別の回答データに当たることで、高齢女性のニーズがあることを突き止めました。未婚率のデータも持ち出すことで、高齢女性のニーズをあぶり出すことに成功し、「シェアハウスは若者のもの」という仮説を検証しました。

つまり、「経済的理由」→「未婚率の上昇」→「高齢女性にもニーズ」という結論を導き出した格好です。

6 コンパクトな文章を書く練習

一つひとつの文はできるだけ短くしましょう。文が長いと主語と述語の関係がわかりにくくなり、冗長になります。そんなときは**必要に応じて文を分けて接続詞でつなぎ、文章全体にメリハリをつけましょう。**

内容に間違いがなくても、同じ表現が何度も出てくるとか、句読点が少ないために読みにくければ、いい文章とは言えません。

こうした文章は読み手を煩わせ、ときには誤解を生む可能性もあります。

もっとも、キーワードに関しては、同じ文章の中に複数回出てくることはかまいません。むしろそうした方が読み手にきちんと趣旨が伝わります。

文章には、ファクト（客観的事実）と自分の主張・意見（オピニオン）を両方とも載せるケースがあります。

そのときは、**ファクトとオピニオンをきちんと分けて書く**必要があります。

例えば、「なぜなら」といった接続詞があれば、その前に書いてあることはオピニオンで、その後にファクトがくることが予想できます。

一般に、接続詞を多用すると読みにくくなりますが、必要に応じてこのような接続詞は使ってもかまいません。どうしてそのように考えたのか、ということについて、きちんと根拠が示されていれば、その文章はより信頼度が高まるからです。

また、OPQA法で説明したように、**対立する意見がある場合には、その意見も併記した上で、それに対する自分の考えも書き込めればなおよい**でしょう。

それでは、次の練習問題をやってみましょう。

練習問題 4

外食チェーンのM社で今後の成長施策を検討する会議が開かれました。会議で提出された「我が社の今後について」というタイトルの文章があります。この文章をコンパクトに修正してみてください。

【想定読者＝経営幹部】

【目的＝中期経営計画策定会議のための提案資料】

「我が社の今後について」

GAFAと呼ばれるIT企業の台頭、デジタル化の進展、少子高齢化による人口減少、新興国の中間所得者層の拡大、日本食ブームが続く中、我が社が今後生き残っていくためには、アジアをはじめとした海外市場に打って出る必要があります。我が社

は外食という業種で、これまではボリューム感のあるメニューが支持され、多くの顧客の支持を得て長きにわたり成長してきたが、今後の人口が減少するかもしれない日本においては、成長余地が限られ、同業他社との競合も激しくなる局面にあって、我が社は成長著しいアジアをはじめとした海外マーケットに進出していき、持続的な成長につなげるべきである。海外市場に我が社の生き残りをかけるべきであり、我が社は国内市場を大事にしながら、成長ドライバーを海外マーケットに求めるべきだと思う。

冗長な文章ですね。問題点を順に見ていきましょう。

まず、「GAFAと呼ばれるIT企業の台頭」「デジタル化の進展」ですが、これは外食企業である我が社の戦略との関連が不明確です。なんとなく最近の経済情勢を羅列しただけといった感じがあります。M社は内需型企業ですので、人口減少の影響、海外市場の中間所得者層の拡大はわかります。ただ、我が社を取り巻く情勢は、1文目では絞り込んで、第二段落以降で説明する方がスッキリします。

1文目も長いのですが、2文目が特に問題です。167字もあり、これが冗長な印象を与えています。「ボリューム感のあるメニューが支持され」、「多くの顧客の支持を得て」と支持が2回出てきたり、内容を詰め込み過ぎたりしています。「我が社」も2回出てきます。2番目の「我が社」は必要ありません。「今後の人口が減少するかもしれない日本」という部分には、事実誤認があります。すでに1文目に「少子高齢化による人口減少」と書いており、整合性もとれていません。また、「市場」と「マーケット」という言葉が混在しています。これもどちらかに統一した方がよいでしょう。

最後に国内市場の話が出てきます。海外進出について議論すべき会議の資料としては不要でしょう。

さらに、「です・ます」調と「である」調も混在しています。最後の「思う」という表現もビジネスでは不要です。

書き手と読み手の間である程度の情報共有が進んでいれば、その部分を省略することができます。つまり、書き手と読み手の間の前提条件の確認が必要です。

書き手が考えているほど、読み手は時間をかけてきちんと読んでくれるわけではありません。お互いにわかり切っていることは可能な限り省略し、必要なことを過不足なく伝えることが肝心です。

例えば、「我が社は外食という業種」という表現があります。社内会議資料であるなら、いちいち書かなくても読み手はわかっていることが前提になります。当然省略できるわけです。

以上のような点を踏まえると、例文は次のように簡略化できます。

「我が社の海外進出について」
我が社は海外市場に進出すべきです。なぜなら、国内の人口減少が進み、競争が激しくなっていくからです。これまでボリューム感のあるメニューが多くの支持を集めてきました。アジアでは中間所得者層が増えており、彼らの食ニーズを取り込むことで持続的な成長が可能になります。

7

主張は冒頭部分に。そして読み手の疑問に答えていく

伝わる文章は、読み手の疑問（Why?、So What?）に答えていくことだとお伝えしてきました。次の練習問題は、疑問に答えていくことを意識した文章構成としました。

練習問題 5

国連が策定した「持続可能な開発目標（ＳＤＧｓ）」を経営の柱の一つに掲げる企業が増えています。２０３０年までに「誰一人取り残さない」世界の実現を目指しています。なぜ企業はＳＤＧｓに取り組むのでしょうか。

【想定読者＝中間管理職】

【目的＝新任部長研修のための資料】

回答例

ビジネスチャンスとしてのＳＤＧｓ

「企業は社会の公器である」とパナソニックの創業者である松下幸之助は言った。企業は社会を構成する一員であり、それぞれが何らかの社会的役割を果たしているからだ。だが、経済のグローバル化に伴って新たな社会的課題が噴出。特に地球温暖化をはじめとする環境問題は、個人だけでなく企業の存立すら脅かしかねない。社会課題解決のための貢献が強く求められるなか、２０１５年9月の国連総会で「持続可能な開発目標（ＳＤＧｓ）」が採択された。

ＳＤＧｓは先進国を含む国際社会全体が取り組むべき17のゴール（目標）、１６９のターゲット（個別目標）を設定している。ゴールは、①貧困をなくそう、②飢餓をゼロ、③すべての人に健康と福祉を、④質の高い教育をみんなに、⑤ジェンダー平等を実現しよう、⑥安全な水とトイレを世界中に、⑦エネルギーをみんなに そしてクリーンに、⑧働きがいも経済成長も、⑨産業と技術革新の基盤をつくろう、⑩人や国の不平等をなくそう、⑪住み続けられるまちづくりを、⑫つくる責任 つかう責任、⑬気候変動に具体的な対策を、⑭海の豊かさを守ろう、⑮陸の豊かさも守ろう、⑯平和と公正をすべての人に、⑰パートナーシップで目標を達成しよう、である。

例えば、12番目のゴールに「つくる責任 つかう責任」がある。日本では19年10月に食品ロス削減推進法が施行されたのに続き、20年7月からはレジ袋の有料化がスタートした。国連が提起したSDGsの年限は30年。世界の人口は85億人になると予測されており、このままでは食料不足が避けられない。実態として3分の1の食料が廃棄されているという現実がある。

社会・環境にまつわる様々な課題が顕在化し、消費者や株主などステークホルダー（利害関係者）の意識も変化している。米国のPR会社であるEdelmanの16年調査によると、世界の80％の市民が「企業は自社の利益の増大と事業を展開する地域の経済・社会状況の改善の両方を果たす行動を期待」と回答した。15年調査に比べると6ポイント増加しており、消費者からの企業に対する社会的課題解決への貢献期待が高まっていることがうかがえる。

社会や環境にとって「負」の影響を軽減する取り組みにはコストがかかり、企業収益を圧迫する。しかし、持続可能性を追求することはビジネスチャンスでもある。「ビジネスと持続可能な開発委員会（BSDC）」が17年のダボス会議で発表した報告によると、目標が達成されれば、「食料と農業」、「都市」、「エネルギーと材料」、「健康と福祉」の各領域で合わせて年間で12兆米ドルの市場、最大3億8000万件の雇用が創出されるという。

企業の存在意義の一つは、商品・サービスの提供を通じて人々の生活を豊かにし、より良い社会の実現に貢献することである。企業努力が報われたかどうかは、第一には商品やサービスが消費者に選ばれること。当該企業や商品・サービスが社会的に不可欠なものであれば、その結果として「市場」から優先的に資金提供されるはずである。

企業は自社の事業と関係の深いSDGsのゴール、ターゲットに対する戦略的な分析を進め、負の影響を軽減する活動とともに、行政やNGO、他社などとの協働も視野に入れながらビジネスモデルを創出していくことが持続的成長にとって重要になる。

第一段落。ここで主張の大枠を示しました。タイトルで「ビジネスチャンスとしてのSDGs」と訴え、設題に対する回答を、松下幸之助の言葉で表したのです。企業は社会的な存在であると。そして、2文目で幸之助の言葉を補足し、読者の「幸之助の言葉の意味するところは何?」という疑問に「……からだ」と答えました。続いて、地球環境問題は瀬戸際まで来ている大変な問題であり、幸之助の時代より社会貢献を求められる度合いが高まっていると主張。SDGsが国連で採択されたのもそうした環境変化があるからだと整理しました。

第二段落では「ＳＤＧｓって何？」という疑問に対して、17のゴールを列挙して説明しました。

しかし、目標が示しているものがわかりにくいと感じる人もいると考え、第三段落では12番目のゴール「つくる責任　つかう責任」を取り上げました。日本でも食品やプラスチックが廃棄されているために法律が施行された例を紹介し、読み手の理解を助けるように努めました。

第四段落では、消費者の企業に対する意識の変化をＰＲ会社の調査結果で解説しました。第三段落の法律施行があって、さらに第四段落の消費者の意識変化もある。企業を取り巻く環境変化がＳＤＧｓに取り組む理由であることを印象づけるためです。

そして第五段落では、「でも企業にとっては大変なことじゃない？」という当然の疑問に対して〝抑え〟を入れました。段落の最初の文章で「社会や環境にとって『負』の影響を軽減する取り組みにはコストがかかり、企業収益を圧迫する」と。これは企業の社会的責任（ＣＳＲ）を議論するときに必ず出てくる疑問です。これに対して、具体的なデータとしてダボス会議で公表された試算をもってきて、「しかし、持続可能性を追求することはビジネスチャンスでもある」と、企業がＳＤＧｓに取り組むべきである将来可能性に言及しました。

ここにファクトとデータをもってくることで、読み手に納得してもらう〝山場〟としました。

第六段落では、企業がＳＤＧｓに取り組むメリットをつなげました。「市場」から評価されることが現代企業にとっては必要なことを述べ、「ＥＳＧ投資」が盛んになっていることを示唆するような文章にしました。

最後の第七段落では、一企業だけでの取り組みではなく、行政や他社との「協調」「共働」の必要性を指摘し、主張に独自性を出して結びました。

8 総合的な練習問題（情報収集→分析→主張）

では最後に、これまで紹介してきたテクニックを総合的に使って練習問題をやってみましょう。

練習問題 6

日本人の読解力は低下しているのか否か。どちらかの立場で日本人の読解力の状況を説明してください。

【想定読者＝新規事業開発担当者】

【目的＝新規事業の検討・提案資料】

このような問題は、単純に固有名詞をインターネットで検索するだけではすみません。固有名詞なら、ウィキペディアのようなネット上の百科事典を参照すればすぐにわかります。ですが、今回の場合は検索するキーワードがまず問題になります。

とりあえず「読解力」「人間」と入力してみました。

すると、以下の見出しがパソコン画面にあらわれました。

ＡＩがもたらす変化に対応するために、なぜ「読解力」が必要か…

ＡＩに仕事を奪われないための切り札は「読解力」！　ＯＥＣＤ調査…

人工知能が「読解力テスト」で人間に勝利？　マイクロソフト…

Googleの最新ＡＩ、読解力も人間超え 驚異の学習法：日本経済新聞

文章を正しく理解できない人がＡＩに負ける理由――最新の週刊…

どうでしょうか。これでは「低下している」のかどうか、結論には行きつけない感じがします。

そこで、「読解力」「人間」「低下」と３つのキーワードを入れると、以下の見出しが出てきます。

ＡＩに仕事を奪われないための切り札は「読解力」！　ＯＥＣＤ調査…
確認の際によく指摘される項目――アマゾン
人間はＡＩ化しているか？：人工知能研究から見え…――CiNii 論文
小中高生の読解力低下に懸念、人工知能に職を奪われる…
「ＰＩＳＡ読解力低下」は子どもたちからのＳＯＳ――学校・受験――東洋…
【ＰＩＳＡ２０１８】読解力低下を読み解く 新井紀子教授に聞く（上）…
「読解力」のない人材は企業リスク――ウィズコロナ＋…

４番目と５番目の見出しをみると、なんとなく低下している現状を前提にした文章という感じがします。

3番目の論文は難しそうだから、4番目の「小中高生の読解力低下に懸念、人工知能に職を奪われる…」をクリック。すると、「ニュースイッチ」というサイトに行きつきました。

そこには、日刊工業新聞の「国立情報学研究所社会共有知研究センターの新井紀子センター長らは2日、小中高生の基礎読解力を測る試験法『リーディングスキルテスト』（RST）を開発し2万4600人を調査したところ、中学3年生の約5人に1人、高校3年生の13人に1人が主語と目的語を読み取れていないと発表した……」という2017年11月3日付の記事がありました。


「人間の読解力は低下しているのか」という課題に対して、「うん、ヒントがありそうだ」となりますね。

「でも、一つの情報だと足りないのではないか」と考え、5番目の「『PISA読解力低下』は子どもたちからのSOS――学校・受験――東洋…」をクリックしてみます。

今度は東洋経済オンラインのサイト。4番目の記事に登場した新井紀子さんのインタビュー記事がありました。「先日発表された国際学習到達度調査（PISA）で、日本の『読解力』の順位が前回の8位から15位に下がったことが話題となっている……」という19年12月26日午前6時40分に更新されたものです。

読解力低下を裏付けるデータが2つ見つかりました。国立情報学研究所社会共有知研究センターの新井センター長らによる調査と、国際学習到達度調査（PISA）。

次のステップとしては、「国立情報学研究所」あるいは「国立情報学研究所社会共有知研究センター」、「国際学習到達度調査」といった固有名詞を検索するのが一般的でしょう。

「国際学習到達度調査」をキーワードとして検索してみると、国立教育政策研究所の国際研究・協力部を紹介するページに説明があり、先進国で組織するOECDによる調査であることがわかります。15歳を対象に、読解力、数学的リテラシー、科学的リテラシーの3分野について3年ごとに本調査を実施しており、00年から調査データがあって、最新は18年であることが判明しました。

つまり、国際学習到達度調査は時系列で読解力の状況がわかり、しかも国際的な比較が可能なデータです。

これをベースに、「日本人の読解力は低下しているか否か」という課題に対して、「低下している」という立場で書く作業に入ってみましょう。

ただ、この先もけっこう課題は多いようです。
データを集めて、そのデータを分析する。
その結果として結論を導き出す。
結論をどのように説明していくか。それをどのように文章にまとめるか。
多くのハードルが待ち構えています。

とりあえず、メモ書きによるキーワード抽出、データやファクトの整理に入ります。

・読解力は低下しているか、低下していないか
・経済開発協力機構（ＯＥＣＤ）の国際学習到達度調査（ＰＩＳＡ）
・２０１８年の日本の「読解力」は79カ国・地域中15位
・前回の８位から大きく下げた
・結論としては→「読解力は低下している」
・ＰＩＳＡの読解力の定義……自らの目標を達成し、自らの知識と可能性を発達させ、社会に参加するために、テキストを理解し、利用し、評価し、熟考し、これに取り組むこと

・「文章から情報を探し出す」や「文章の質と信頼性を評価し、熟考する」が低下傾向
・低下の背景……文部科学省の分析、専門家はどうみているか？

このメモ書き作業で、最終的に「読解力は低下している」という結論を導き出しました。今回、まず求められているのは読解力の低下に関する事実（正否）の確認です。ここまでは事実確認のための基礎データを見つけただけに過ぎません。

ファクト、数字、ロジックを重視し、わかりやすい文章の原則に沿って1000字程のレポートを書いてみました。

回答例

低下する日本人の読解力

日本人の読解力は年々低下している。経済開発協力機構（OECD）が3年ごとに15歳を対象に実施する国際学習到達度調査（PISA）によると、2018年の日本の「読解力」は79カ国・地域中15位。06年と並ぶ過去最低で、前回の8位から大きく

下げた。インターネット上にはフェイクニュースがあふれ、事実を捉える力が問われる時代だ。だから文章を読み解く力の大切さはますます高まっている。

ＯＥＣＤのＰＩＳＡは15歳を対象に義務教育で学んだ知識や技能を実生活で活用する力を評価するテスト。00年から実施しており、18年は約60万人が参加。読解力とは「自らの目標を達成し、自らの知識と可能性を発達させ、社会に参加するために、テキストを理解し、利用し、評価し、熟考し、これに取り組むこと」と定義している。

読解力の平均得点は前回調査より12点低い５０４点。６段階ある成績で、最も低い層（４０８点未満）の割合が16・９％と、前回比で４ポイント増えており、平均得点を引き下げた。

とりわけ日本の正答率が低く、低下傾向だったのは、「文章から情報を探し出す」や「文章の質と信頼性を評価し、熟考する」といった能力だ。例えば、電子レンジの安全性を宣伝する企業のサイトとオンラインの雑誌記事から、必要な情報を探し出す問題の平均正答率は56・１％（ＯＥＣＤ加盟37カ国平均59・２％）。これらの文章の信ぴょう性を評価し、自分の考えについて根拠を示して説明する記述問題は８・９％（同27・０％）にとどまった。

背景について文部科学省は「新聞や雑誌のように、内容を精査した長文をよく読む生徒が減り、ネット上のチャットなど短文のやり取りが増えた」と分析している。テストに合わせたアンケート調査では、1カ月に「数回以上、新聞を読む」割合は21・5%とOECD平均（25・4%）を下回り、09年比で36ポイント減だった。「読む」生徒は「読まない」生徒に比べ、平均点は30点以上高かった。

生徒のネットの利用時間は増えており、学校外で「毎日」、または「ほぼ毎日」、チャットをする生徒は87・4%、「1人用ゲーム」をする生徒は47・7%に上る。

教育関係者からは表現力・記述力の不足という課題の指摘も多い。中央教育審議会の教育課程部会メンバーの東京大学・秋田喜代美教育学部長は、「論理的な思考力の育成が重要で、全教科を通じて取り組むべきだ」と強調。上智大学の奈須正裕教授は「もっと幅広く複合的な力が大事との理解を学校現場に広める必要がある」と話している。

この文章は、日本人の読解力低下を「事実」として肯定する内容になっています。まず、「日本人の読解力は年々低下している」と結論を述べ、それを補強する材料としてOECDの学力到達度調査（PISA）のデータを引っ張ってきました。同調査は00年から3年ごとに実施されていますから、時系列に読解力の国際比較での順位を示すことで、読解力低下の事実を提示しました。

ＰＩＳＡのデータ（日本語版）は、国立教育政策研究所のサイトで見ることができます(https://www.nier.go.jp/kokusai/pisa/index.html)。

このサイトには調査結果のポイントをまとめた資料があり、データを読み解くのに便利です(https://www.nier.go.jp/kokusai/pisa/pdf/2018/01_point.pdf)。

単に順位や得点を並べるだけでは、読み手には理解しづらいかもしれません。資料には読解力を問う実際のテストの内容も紹介されており、そこから電子レンジの事例をもってきました。次に、データをどのように解釈すればよいかということを考え、専門家の文部科学省や教育専門家の声を入れました。これにより文章に〝立体感〟が出てきます。

文科省の分析コメントは調査結果のポイントに載っています。欲をいえば、専門家のコメントが欲しいところかもしれません。直接専門家にインタビューできればよいのでしょうが、一般の人が専門家にいちいちアポイントをとってヒアリングするのは手間も時間もかかるし現実的ではありません。社内資料であれば公開情報を使うのが手っ取り早い。でも、正式なコメント、筋が良い情報源を探さなければなりません。
そこで、文部科学省のサイトで審議会の議事録に当たってみました。文科省に限らず、国の省庁では審議会の議事録を公表しています。案の定、19年12月4日に開かれた中央教育審議会教育課程部会でＰＩＳＡの結果が報告されていました。議事録には部会メンバーの専門家の発言が記録されており、その中から適当な2人の方の発言をもってきました。これにより、一般人の個人的な解釈や分析ではなく、読解力低下を結論として主張する明確な根拠を示すことができました。

9 主張に解釈を加えてみる

企画書や提案書を書くときは、読み手を説得することに全力を注がなければなりません。相手を納得させるには、自分の主張が正しいことを裏付ける根拠が必要です。

その根拠は、インターネット上によくあるような「誰か」が発信したデータではなく、公的機関や新聞社など信頼できるところが発表しているデータであることが大前提です。データをうまく活用し、説得力のある企画書や提案書を書くコツがそこにあります。

さて、基礎的な判断データである２３１～２３３ページの文章に、少し解釈を加えてみましょう。

いま作成中の文書は新規事業の検討・提案資料ですから、日本人の読解力の低下を事業化の背景説明とすると想定してください。

前の文章を加筆・修正してみました。

情報リテラシー養成講座の事業化について

日本でも様々な分野でデジタル化が急速に進む。こうした中で、中高生や大学生を対象にした情報リテラシーを高める講座を提案する。経済開発協力機構（ＯＥＣＤ）が３年ごとに15歳を対象に実施している「国際学習到達度調査（ＰＩＳＡ）」によると、２０１８年の日本の「読解力」は79カ国・地域中15位。06年と並ぶ過去最低で、前回の８位から大きく下げた。インターネット上にはフェイクニュースがあふれ、事実を捉える力が問われる時代。だから文章を読み解く力の大切さはますます高まっている。

「情報リテラシー養成講座」の対象は中高生と就職を控えた大学生を想定し、軌道に乗ればビジネスパーソンにも広げていく。ネットや書籍など様々な情報源から、必要な情報を探し、読み解く力を養うカリキュラム編成とする。

ＰＩＳＡでの日本の読解力は前回調査より12点低い５０４点。６段階ある成績で、最も低い層（４０８点未満）の割合が16・９％と、前回比で４ポイント増えており、平均得点を引き下げた。とりわけ日本の正答率が低く、低下傾向だったのは、「文章から情報を探し出す」や「文章の質と信頼性を評価し、熟考する」といった能力だった。例えば、電子レンジの安全性を宣伝する企業のサイトとオンラインの雑誌記事から、必要な情報を探し出す問題の平均正答率は56・１％（ＯＥＣＤ平均59・２％）。これらの文章の信ぴょう性を評価し、自分の考えについて根拠を示して説明する記述問題は８・９％（同27・０％）にとどまった。

背景について文部科学省は「新聞や雑誌のように、内容を精査した長文をよく読む生徒が減り、ネット上のチャットなど短文のやり取りが増えた」と分析している。テストに合わせたアンケートでは、１カ月に「数回以上、新聞を読む」割合は21・５％とＯＥＣＤ平均（25・４％）を下回り、09年比で36ポイント減だった。「読む」生徒は「読まない」生徒に比べ、平均点は30点以上高かった。

教育関係者からは表現力・記述力の不足という課題の指摘も多い。中央教育審議会の教育課程部会メンバーの東京大学・秋田喜代美教育学部長は「論理的な思考力の育成が重要で、全教科を通じて取り組むべきだ」と強調。上智大学の奈須正裕教授は、PISAの読解力は国語教材の登場人物の心情の読み取りなどが中心の従来型読解力ではないと指摘。「もっと幅広く複合的な力が大事との理解を学校現場に広める必要がある」と話す。

一方、スマートフォン（スマホ）と学力の関係についての議論も多い。東北大学加齢医学研究所の川島隆太教授が2万2000人の中学生を対象に調べたところ、自宅で勉強をする、しないに関係なく、スマホを使う時間が長い生徒の成績が悪いことがわかった。

厚生労働省の調査によると、ネット依存の中高生は約93万人。実に10人に1人がネット依存ということになる。最近では『スマホ脳』や『スマホ依存から脳を守る』といった書籍も相次いで出版されている。生徒自身や親の潜在的なニーズはあるとみられることから、情報リテラシー養成講座の開講を提案する。

ロジックがしっかりした文章は流れがスムーズだと言いました。流れをスムーズにするためには、読み手の「Why?（なぜ？）」あるいは「So What?（だから何？）」に答えていくことが必要です。そうすれば論理に矛盾がなく、誤解のない読みやすい文章になります。

2つの文章は、ともに読み手の疑問に答えながら進んでいきます。

最初の修正前の文章では、「日本人の読解力は年々低下している」という主張（結論）に対して、OECDの調査結果を引き合いにその理由を述べています。そして、「その調査って何なの？」という疑問に対して、第二段落で「15歳が対象で、00年から実施されている」などの概要を説明しました。

加筆・修正した文章では情報量に厚みを持たせ、多角的な視点で「情報リテラシー養成講座」を開講すべきだという主張を明確にするよう工夫しました。

まず、「中高生や大学生を対象にした情報リテラシーを高める講座を提案する」という主張に対し、なぜ講座を開設するのかという理由を、OECDの調査で「日本人の読解力が低下しているから」だと説明しました。

そして、「インターネット上にフェイクニュースがあふれ、真実を見抜く力が求められる時代。紙かデジタルかにかかわらず、文章を批判的に読み解く力の大切さはますます高まってきている」という背景説明を加えて、主張と理由を補強しています。

第二段落では、講座の対象者やカリキュラムを説明。

第三〜六段落では、カリキュラムを編成する上での「読解力低下というファクト（客観的事実）」をデータと専門家らのコメントで示していきました。

次の第七段落では、読み手がここまで文章を読み終わった段階で、「でも、ＯＥＣＤのデータだけで本当に読解力の低下は言えるのかな？」といった疑問がわくことを想定。先手を打つ形で、スマホと学力の関係を示す川島教授の調査結果を持ってきました。読解力低下の原因がスマホの見すぎだという新しい視点を提示し、納得感を引き出したわけです。

さらに、厚生労働省の調査を引き合いにネット依存症者の多さを紹介。スマホに警鐘を鳴らす書籍の刊行も相次いでいるとたたみかけて、「生徒自身や親の潜在的なニーズはあるとみられることから、情報リテラシー養成講座の開講を提案する」という結論にもっていきました。

ここで注目して欲しいのは、2つの文章とも新聞記事のテクニックが使われていることです。新聞は、社説や一部の解説記事を除き、「客観報道」を心がけています。客観報道とは、客観的事実（ファクト）を伝えていくことを優先し、読者の解釈を手助けするというスタンスです。もちろん、取材した人間の主観は当然入りますが、記事の中心は読者の主義・主張を形づくる上での材料を提供するストレートニュースです。

まず6W3Hの情報がリード（前文）といわれる第一段落もしくは第二段落に入り、重要かつ新しい情報の順番で書かれていくのです。

第2章でもお伝えしたように、新聞記事は「逆三角形」で書かれています。逆三角形とは、価値のある情報が頭に掲載されているということです。先に、読み手の疑問に答えていくことがわかりやすい文章だと言いました。これは「逆三角形」と同じことを言っているに過ぎません。

2つの文章のうち、最初の文章はまさに逆三角形、ストレートニュースの体裁を取っています。後の文章は、ストレートニュースと並んで掲載頻度が高いコラムの体裁を取りました。

後の文章では、冒頭と最後で同じことを言っています。

冒頭1～2行目の文「（デジタル化が急速に進む中、）中高生や大学生を対象にした情報リテラシーを高める講座を提案する」

最後の文「生徒自身や親の潜在的なニーズはあるとみられることから、情報リテラシー養成講座の開講を提案する」

つまり、主張（結論）を繰り返しているわけです。

ビジネス文章を書く場合、単に情報を伝えるだけで満足してはいけません。それは、上司や顧客に提案をしたり、相手の理解と協力を得るために書かれたりするものがほとんどでしょう。ならば、相手を説得できなければいけません。**ビジネスでは、相手を説得できるのが「良い文章」**です。

文章の説得力を高めるには、主張の裏付けとなる「根拠」を盛り込むことです。

その根拠が「事実に基づいたもの」「数字やデータなど、客観的かつ定量化されたもの」であれば、説得力はより高まります。

その一方で、文章が数字やデータだらけになると、伝えたいことがぼけてしまってわかりにくくなることもあります。根拠となる数字やデータをうまく文章に盛り込むトレーニングを積んでいきましょう。

10 文章も品質管理を

せっかく一生懸命に書いても、誤字や脱字、誤変換があれば、その文章は失格です。内容はともかく、その時点で文章の信頼性が揺らいでしまいます。

そのほか、専門用語や漢字ばかりが並んでいて読みにくくなっていないか、くどい言い回しで冗長になっていないかなど、提出する前にチェックすることが大切です。

最近はペーパーレスが叫ばれていますが、文章をチェックするときは、**モニタ画面ではなく紙に印刷して確認した方が間違いは見つけやすい**と思います。

❶ 誤字や脱字、誤変換はないか
❷ 6W3Hがきちんと入っているか
❸ モレやダブリはないか
❹ 明確なターゲットを想定しているか
❺ 一文に1つの要素（コンテンツ）を守っているか
❻ 順接の「が」を使っていないか
❼ 一文に「の」でつなぐ表現が3カ所以上ないか
❽ 「という」「〜こと」「〜もの」を多用していないか
❾ 同じ語尾が3回以上連続していないか
❿ 形容詞や副詞を数字に置き換えているか
⓫ くどい前置き、言い回しをしていないか
⓬ 主語と述語のねじれはないか
⓭ 短い言葉、文章、段落にしているか
⓮ 受動態（受け身表現）を使っていないか
⓯ 一般的に理解できる言葉を使っているか（専門用語を使っていないか）
⓰ カタカナが多くないか

⑰ 複数の意味に受け取れる文章はないか
⑱ 重複表現や二重否定表現はないか
⑲ 結論を先に書いているか
⑳ 論理的な整合性はとれているか

自分がミスしがちなポイントを頭に入れておきましょう。

本書の目次をチェックリスト代わりにしてもいいかもしれません。

おすすめしたいのが音読です。黙読では誤字や脱字、誤変換は意外に見つけられません。声に出すことで、間違いや読みにくさに気づくものです。

第三者に読んでもらうことも必要です。新聞社でも、記者の原稿は何重にもチェックする仕組みが整備されています。

おわりに

文章は読んでもらえなければ役割を果たしません。ビジネス文章はその性格上、読むのが面倒なものです。それを読んでもらわなければならないわけですから、当然、内容や書き方を考えなければなりません。

伝えることが目的のビジネス文章では、書き方の基本さえ押さえれば、うまく書こうとする必要はないことを本書でお伝えしてきました。

パソコンを前に固まってしまった、ペンが進まずに考え込んでしまった。そんな経験を持つ人は、「うまく書かなければ」という呪縛にとらわれているのです。

必要なのは、人を読む気にさせ、納得して読み進めてもらうためのテクニックです。文章やプレゼンテーションは「つかみ」が大切です。文章なら「結論」(主張)を冒頭にもってくること。そして、ファクト（客観的事実）やデータ（数字）で、その結論を補強していけばよいのです。その流れがスムーズかどうかが、ロジカル（論理的）であるかのカギを握ります。

本書ではファクトとデータ、ロジックという言葉を繰り返してきました。これこそが「伝わる文章」になくてはならない要素だということを皆さんに理解してもらいたかったからです。

仕事でもプライベートでも、発信力を高めることができればやりたいことができる時代です。せっかくの実力が、発信力が弱いために埋もれないようにしたいものです。

文章は基本的な原則を守り、少しのテクニックがあればコントロール（修正）できるものです。どうか自信をもってください。

皆さんの次の課題は、文章の基本を押さえた上で、自分らしく自己主張ができるようになることです。

そのお手伝いの続きはまた別の機会に残しておき、今回はここでペンを置きます。

最後まで読んでいただき本当にありがとうございました。

２０２１年６月

白鳥 和生

白鳥和生　しろとり かずお

株式会社日本経済新聞社 編集総合編集センター 調査グループ次長。
明治学院大学国際学部卒業後、1990年に日本経済新聞社に入社。編集局記者として小売り、卸・物流、外食、食品メーカー、流通政策の取材を長く担当した。『日経MJ』デスクを経て、2014年調査部次長、2021年から現職。著書（いずれも共著）に『ようこそ小売業の世界へ』（商業界）、『2050年 超高齢社会のコミュニティ構想』（岩波書店）、『流通と小売経営』（創成社）などがある。仕事の傍ら日本大学大学院総合社会情報研究科でCSR（企業の社会的責任）を研究し、2020年に博士（総合社会文化）の学位を取得。消費生活アドバイザー資格を持つほか、國學院大学経済学部非常勤講師（現代ビジネス、マーケティング）、日本フードサービス学会理事なども務める。

［著者エージェント］
アップルシード・エージェンシー　https://www.appleseed.co.jp/

即《そく》！ ビジネスで使《つか》える
新聞記者式《しんぶんきしゃしき》 伝《つた》わる文章術《ぶんしょうじゅつ》
数字《すうじ》・ファクト・ロジックで説得力《せっとくりょく》をつくる

2021年8月12日　初版発行

著　　者　白鳥和生
発 行 者　小林圭太
発 行 所　株式会社CCCメディアハウス
〒141-8205　東京都品川区上大崎3丁目1番1号
☎03-5436-5721（販売）　☎03-5436-5735（編集）
http://books.cccmh.co.jp

印刷・製本　豊国印刷株式会社

ISBN978-4-484-21222-7